Klasse! B1.1

Deutsch für Jugendliche

Übungsbuch mit Audios

Sarah Fleer

Ute Koithan

Bettina Schwieger

Tanja Sieber

Alles Digitale zu diesem Buch kann auf der Lernplattform **allango** von Ernst Klett Sprachen abgerufen werden. So geht's:

QR-Code scannen oder **www.allango.net** aufrufen | Buchtitel oder ISBN in der Suche eingeben und auf das Buchcover klicken | Zum Inhalt navigieren, direkt abrufen oder speichern

Ernst Klett Sprachen
Stuttgart

Autoren: Sarah Fleer, Ute Koithan, Bettina Schwieger, Tanja Sieber
Redaktion: Marion Schomer, Wien
Projektleitung: Felice Lembeck
Herstellung: Carolyn Brendel
Layoutkonzeption und Gestaltung: Andrea Pfeifer, München
Illustrationen: Andrea Naumann, Aachen
Satz: Sandro Münsch, Fotosatz Amann, Memmingen
Umschlaggestaltung: Studio Schübel, München
Titelbild und Auftragsfotos: Dieter Mayr, München

Online-Übungen
Autorin: Maja Rettig

Audios
Aufnahme und Postproduktion: Plan 1
Regie: Plan 1 und Felice Lembeck

Informationen und zu diesem Titel passende Produkte finden Sie auf www.klett-sprachen.de/klasse

1. Auflage 1 7 6 5 | 2026 25 24

Druck und Bindung: Elanders Waiblingen GmbH

ISBN 978-3-12-607213-7

9 783126 072137

Willkommen im Übungsbuch zu Klasse!

Inhalt

Dein Übungsbuch	4
1 Schön und fit?	5
2 Immer online	15
3 Schmeckt das?	25
1 Testtraining: Lesen, Schreiben, Hören	35
4 (Nicht) gut drauf?	39
5 Auf Reisen	49
6 Aus Wissenschaft und Technik	59
2 Testtraining: Lesen, Hören, Schreiben	69
Verblisten	73
Thematischer Wortschatz	75
Quellenverzeichnis	77

Symbole im Übungsbuch

1.02 Du hörst ein Audio.

1.03 Du hörst ein Audio und übst die Aussprache.

Du schreibst einen Text.

DSD 1 Dies ist eine Aufgabe wie in der DSD-Prüfung.

Du arbeitest mit einem Partner / einer Partnerin.

online 1 Du findest online interaktive Übungen.

ca. 10 Min. Du hast für die Prüfungsaufgabe 10 Minuten Zeit.

→ Du findest mehr Wortschatz zum Thema auf S. 75/76.

Dein Übungsbuch

6 Kapitel

Zu jeder Aufgabe im Kursbuch passt eine Übung im Übungsbuch.

Diese Übung bereitet dich auf die DSD-Prüfung vor.

Online findest du noch mehr interaktive Übungen.

Fett gedruckte Wörter sind wichtig für die Prüfung.

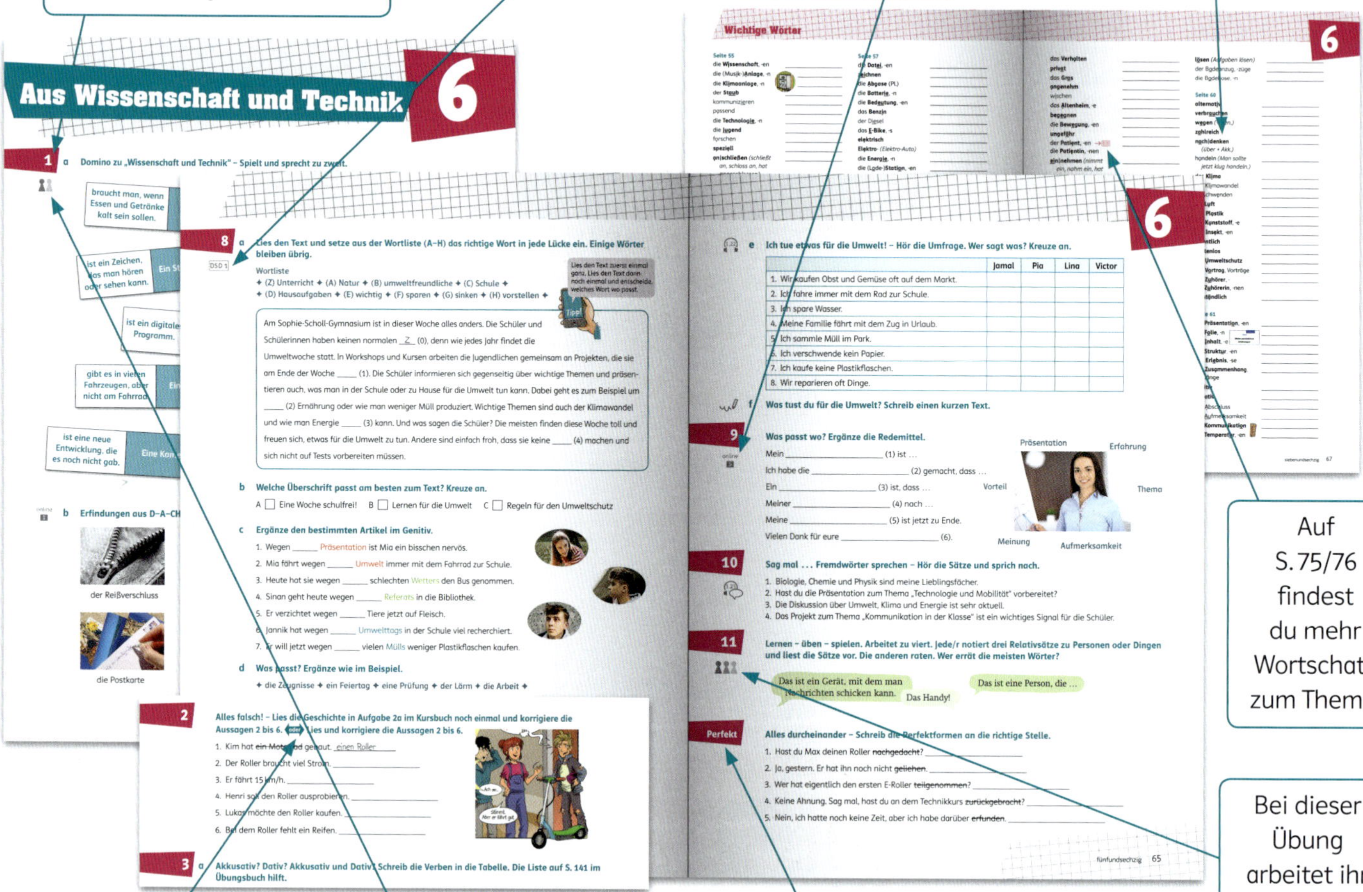

Auf S. 75/76 findest du mehr Wortschatz zum Thema.

Bei dieser Übung arbeitet ihr in Gruppen.

Du kannst eine Übung auswählen.

Für diese Übung brauchst du eine/n Partner/in.

Hier kannst du die Perfektformen üben.

2 Testtrainings

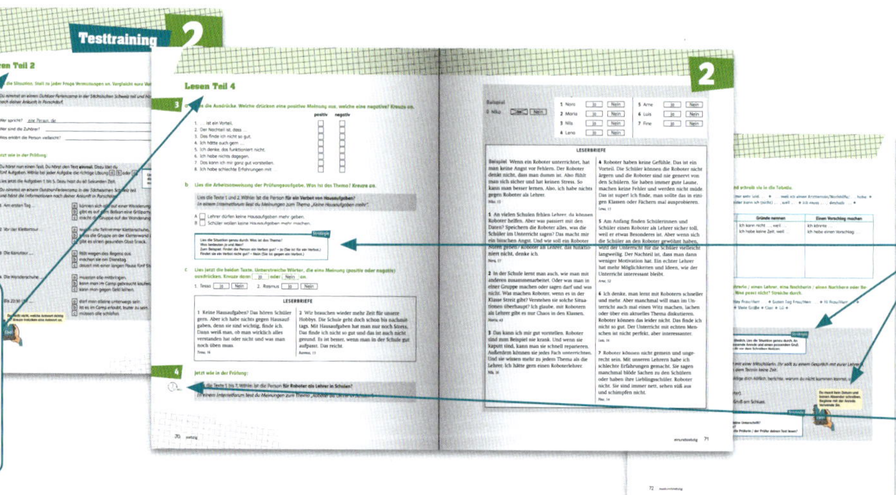

Du lernst alle Teile der Prüfung *Goethe/ÖSD-Zertifikat B1* kennen.

Es gibt Tipps und Strategien für die Vorbereitung und für die Prüfung.

So viel Zeit hast du für die Prüfungsaufgabe.

Schön und fit? 1

1 **a** **Sieh die Fotos an und lies die Texte. Welcher Text passt zu welchem Foto? Ordne zu.**

online 1

A

Meine beste Freundin und ich machen alles zusammen.

B

Kleidung und Mode sind wichtig.

C

Ich liebe Rudern.

D

Anderssein finde ich cool.

1
Sport und Fitness (1) sind mir wichtig. Ich bin sehr ________ (2) und trainiere dreimal in der Woche auf dem Wasser oder im Fitnessstudio. Vom Rudern bekommt man viele ________ (3). Das gefällt mir.

2
Ich möchte nicht das tragen, was alle tragen, und auch nicht so aussehen wie alle. Ich habe meinen eigenen ________ (4). Meine Haare haben öfter andere Farben und auch mein ________ (5) ist sehr bunt, vor allem an den Augen. Meine Eltern sind echt okay. Sie haben mir sogar das ________ (6) in der Nase erlaubt.

3
Ich trage die gleichen Klamotten wie sie. Wir haben auch die gleiche ________ (7), blonde lange Haare. Manchmal schneiden wir sie selbst, ich ihre und sie meine Haare. Wir mögen den gleichen ________ (8): Uhren, Ohrringe, Ketten. Auf dem Foto tragen wir das gleiche T-Shirt. Wir haben es gemeinsam gekauft.

4
Ich gehe gern shoppen, meine Outfits müssen ________ (9) sein, vor allem Sneaker finde ich cool. Altmodische Klamotten sind ________ (10). Ich möchte immer gut ________ (11). Mein Körper und meine ________ (12) sind mir wichtig, deshalb mache ich viel Sport.

b **Was sagen die Personen über sich? Ergänze in den Texten in 1a.**

✦ aussehen ✦ hässlich ✦ Schmuck ✦ ~~Fitness~~ ✦ Frisur ✦ Piercing ✦ sportlich ✦ Stil ✦ Muskeln ✦ Make-up ✦ modern ✦ Figur ✦

c **Schreib einen Text wie in 1a über dich.**

Meine Kleidung ist meistens …

2 a Was passt zusammen? Ordne zu.

1. ____ Kira liebt Make-up,
2. ____ Magdalenas Frisur ist cool. Ihre Haare sind toll, aber
3. ____ Simon hat einen Bart,
4. ____ Vito hat seit einer Woche eine Zahnspange,
5. ____ Birte liebt Klamotten und kauft sich oft neue Sachen,
6. ____ Malte mag bunte, verrückte Frisuren,

A er muss sich jetzt öfter die Zähne putzen.
B er rasiert sich nur einmal pro Woche.
C sie schminkt sich jeden Tag.
D am liebsten möchte sie sich dreimal am Tag umziehen.
E er möchte sich die Haare bald grün färben.
F sie muss sich oft kämmen.

b Akkusativ oder Dativ? – Was ist richtig? Kreuze an.

1. Schminkst du ☐ dich ☐ dir die Augen?
2. Ich rasiere ☐ mich ☐ mir jede Woche.
3. Praktische Frisur, du musst ☐ dich ☐ dir nicht die Haare kämmen.
4. Du ziehst ☐ dich ☐ dir aber oft um!
5. Meine Mutter sagt, ich soll ☐ mich ☐ mir die Haare schneiden.
6. Ich komme gleich, ich putze ☐ mich ☐ mir nur noch die Zähne.

c Ergänze in den Tabellen die Reflexivpronomen im Akkusativ und Dativ.

	Akkusativ
ich wasche	mich
du wäschst	
er/es/sie wäscht	
wir waschen	
ihr wascht	
sie/Sie waschen	

	Dativ	
ich wasche		die Hände
du wäschst	dir	das Gesicht
er/es/sie wäscht		die Haare
wir waschen		die Füße
ihr wascht		die Ohren
sie/Sie waschen		den Hals

3 Arbeitet zu zweit. Ergänzt das passende Reflexivpronomen im Akkusativ oder Dativ und lest die Dialoge gemeinsam.

online 2

1. ● Was machst du?
○ Ich wasche ________ noch schnell die Hände.
2. ● Zum Friseur gehen finden wir blöd. Selbst Haareschneiden ist doch cool und es kostet nichts.
○ Echt? Schneidet ihr ________ die Haare wirklich selbst?
3. ● Helena schminkt ________ nicht. Sie mag Make-up nicht.
○ Ich weiß. Ich finde es aber schön und schminke ________ oft die Augen.
4. ● Du musst ________ mal die Haare kämmen.
○ Wieso? Ich habe ________ schon gekämmt.
5. ● Wir ziehen ________ noch schnell um, dann können wir gehen.
○ Aber beeilt euch. Der Bus fährt gleich.

4 a Sieh den Comic in Aufgabe 4a im Kursbuch noch einmal an und ergänze den Text über Kim, Marie und Nicklas. oder Lies die Wörter im Kasten und ergänze den Text.

Kim und Marie sehen sich am Handy das ______________ (1) von Nicklas an. Er hat neue Bilder ______________ (2). Marie wundert sich und denkt, dass Nicklas ein ______________ (3) ist. Er ist gar nicht ______________ (4), aber auf einem Bild sieht er aus wie ein Muskelmann. Die beiden wissen, dass Nicklas eigentlich ______________ (5) und nett ist. Kim hat eine Nachricht mit einem Herz von ihm ______________ (6). Nicklas ist ______________ (7), deshalb postet er den Quatsch!

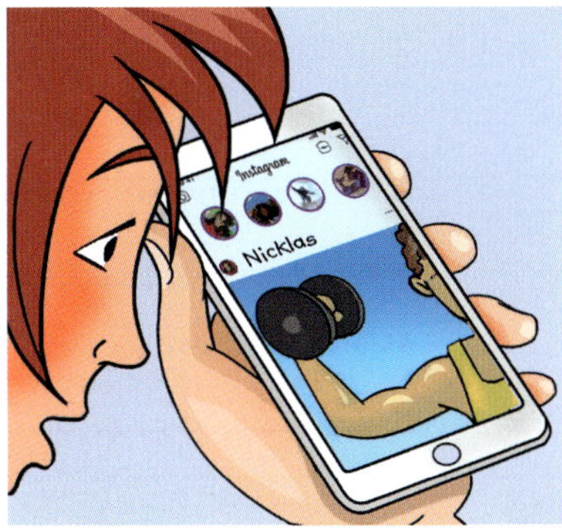

normal · Profil · bekommen · sportlich · Angeber · gepostet · verliebt

b Lies den Text und die Aussagen. In welcher Reihenfolge stehen die Aussagen im Text? Nummeriere.

Schön, sportlich, cool – Fotos im Netz

Wir nutzen das Internet für ganz verschiedene Dinge. Soziale Medien sind besonders bei Jugendlichen beliebt. Hier haben sie Kontakt zu anderen, teilen Erfahrungen und Ereignisse und präsentieren sich mit Posts, aber vor allem mit Bildern selbst. Sie zeigen, wo sie sind, was sie machen oder essen, wen sie treffen …

Das Profilbild hat eine besonders große Bedeutung und ist nicht nur einfach ein schönes Bild. Denn es ist meist öffentlich und das Erste, was andere von einer Person sehen. Aber nicht nur dieses eine Bild ist wichtig. Die Frisur, die Kleidung, der Ort auf Fotos sind oft genau gewählt. Die Jugendlichen präsentieren sich und ihren Lebensstil gern auch so, wie andere sie sehen sollen: zum Beispiel, wenn man seine Trainingsfotos zeigt.

Selma, 15 Jahre: „Jugendliche posten Fotos, weil das Aussehen für viele wichtig ist. Alle wollen eben schön, sportlich oder cool sein."

Für viele ist es wichtig, wie andere sie finden, und sie beschäftigen sich intensiv mit dem Thema. Deshalb posten Jugendliche Bilder nicht nur, weil sie ihnen selbst gefallen. Sie möchten Likes und nette Kommentare von anderen bekommen, wenn sie etwas aus ihrem Leben teilen. Und sie sind enttäuscht, wenn es keinen interessiert. Ali, 16: „Manchen Leuten ist es sogar richtig peinlich, wenn sie für ein Foto kein einziges Like bekommen. Sie löschen es dann schnell wieder."

1	Jugendliche nutzen im Internet besonders gern soziale Netzwerke.
	Viele Jugendliche wollen, dass andere ihre Bilder toll finden und liken.
	Die Jugendlichen möchten auf ihren Fotos besonders gut aussehen.
	In sozialen Netzwerken teilen Jugendliche oft Fotos von sich.
	Die Bilder sollen viel über den persönlichen Stil sagen.

c Fotos im Netz – Lies die fünf Aussagen zum Text in 4b noch einmal. Wie ist das bei dir / deinen Freunden? Was trifft zu, was nicht? Schreib einen kurzen Text.

Wenn ich online bin, nutze ich meistens … Meine Freunde posten …

1.02 online 3

d **Hör das Gespräch und ergänze den Bericht. Verwende *daher, deshalb, darum, deswegen*.**

1. Mias Schwester war am Morgen sehr lange im Bad, _Mia konnte deswegen ..._ ____________
2. Die Packung mit Mias Lieblingsmüsli war leer, ____________
____
3. Sie hat am Handy die neuen Bilder und Nachrichten von Jannik gesehen, ____________
____
4. Sie musste im Regen zur Schule laufen, ____________
____

5

1.03

a **Sag mal ... Satzmelodie – Lies die Dialoge. Wie ist die Melodie? Schreib den richtigen Pfeil (↗ oder ↘) neben die Sätze und Fragen. Hör dann zur Kontrolle.** **oder** **Hör zuerst und schreib dann den richtigen Pfeil.**

Dialog 1

● Ist das T-Shirt neu? ____ (1)
○ Ja, das habe ich gestern gekauft. ____ (2)
Gefällt es dir? ____ (3)
● Das ist super! ____ (4)
○ Probier es doch an! ____ (5)
Ich leihe es dir gern mal. ____ (6)
● Du leihst es mir? ____ (7)
○ Ja, klar. ____ (8)

Dialog 2

● Wann gehst du zum Friseur? ____ (9)
○ Um drei Uhr. ____ (10)
Kommst du mit? ____ (11)
● Ja, gerne. ____ (12)
Willst du deine Haare färben? ____ (13)
○ Nein, das erlauben meine Eltern nicht. ____ (14)
Ich möchte ganz kurze Haare. ____ (15)
● Du möchtest ganz kurze Haare? ____ (16)
○ Ja, das finde ich echt cool! ____ (17)

b **Lest die Dialoge aus 5a zu zweit.**

6

a **Lies die Aussagen der Jugendlichen in Aufgabe 6a im Kursbuch noch einmal. Sind die Sätze (1–4) richtig oder falsch? Kreuze an.**

1. Für Linus ist es wichtig, was andere Leute von ihm denken. ☐ richtig ☐ falsch
2. Für Annas Freundinnen ist das Aussehen sehr wichtig. ☐ richtig ☐ falsch
3. Miros Mitschüler finden Miros Kleidung immer super. ☐ richtig ☐ falsch
4. Selin sind die Bilder im Internet egal. ☐ richtig ☐ falsch

b **Ergänze die Artikel.**

1. ________ Aussehen	5. ________ Körper	9. ________ Schönheit
2. ________ Charakter	6. ________ Bild	10. ________ Eitelkeit
3. ________ Vergleich	7. ________ Stil	11. ________ Kleidung
4. ________ Fitnessstudio	8. ________ Kommentar	12. ________ Erfahrung

c Welche Ausdrücke haben eine ähnliche Bedeutung? Verbinde.

1. Das ist die Hauptsache!	A Für mich ist … wichtig.
2. Das ist in Ordnung.	B Das ist nicht wichtig für mich.
3. Ich lege Wert auf …	C Das ist okay.
4. Das ist mir egal.	D Das ist am wichtigsten.

d Ergänze die Sätze.

1. Paula hat heute keine Zeit, da ______________________________
   (sie – wollen – ins Fitnessstudio gehen)
2. Da ______________________________ , trägt er meistens T-Shirts, Jeans und Sneaker.
   (mögen – Ole – sportliche Kleidung)
3. Miro postet keine Selfies im Internet, weil ______________________________
   (finden – er – das – doof)
4. Weil ______________________________, spart er sein Taschengeld.
   (sich eine neue Jacke kaufen – wollen – Jannik)

e Was passt? Ergänze *da, denn* oder *deshalb*.

Ich finde Mode super, ______________ (1) lese ich auch oft Mode-Blogs. ______________ (2) ich in einem kleinen Dorf wohne, traue ich mich aber oft nicht, total verrückte Kleidung anzuziehen. Später will ich in einer großen Stadt leben, ______________ (3) ich will auch beruflich was mit Mode machen.

Ich trage meistens sportliche Kleidung, ______________ (4) ich mache viel Sport. Natürlich will ich gut aussehen, aber Mode interessiert mich trotzdem nicht. ______________ (5) das bei meinen Freunden genauso ist, sprechen wir eigentlich auch nie über Mode oder so. Aber viele Leute finden Mode total wichtig, ______________ (6) posten sie dann ihre neuen Klamotten. Das kann ich überhaupt nicht verstehen. Das ist doch total uninteressant, oder?

online 4

f Meinung äußern – Die Redemittel sind durcheinandergeraten. Schreib sie richtig.

1. der Meinung bin ich, dass … → Ich bin der Meinung, dass …
2. finde ich, hast du recht. → ______________________________
3. das nicht so ich sehe. → ______________________________
4. stimmt nicht das. → ______________________________
5. Meinung nach meiner … → ______________________________
6. überzeugt ich bin, dass … → ______________________________

7 a *weil* oder *obwohl* – Was passt? Markiere.

1. Mia postet Fotos, weil / obwohl sie viele Likes bekommen will.
2. Sie macht das, weil / obwohl ihre Eltern das nicht gut finden.
3. Jannik kauft ein neues T-Shirt, weil / obwohl er genug T-Shirts hat.
4. Clara gibt viel Geld für Kleidung aus, weil / obwohl sie sparen will.
5. Sophie schminkt sich nicht, weil / obwohl ihr das nicht gefällt.
6. Florian macht keinen Sport, weil / obwohl Sport gesund ist.

online 5

b *weil* oder *obwohl* – Was passt? Schreib Sätze.

1. Lea hat jetzt ein Piercing. Ihre Eltern haben das verboten.

   ____

2. Emil trägt immer schwarze Kleidung. Seine Freundin liebt bunte Farben.

   ____

3. Zoe hat ein T-Shirt an. Es ist sehr warm.

   ____

4. Kaja geht mit ihren Freundinnen shoppen. Sie muss lernen.

   ____

5. Fritz kauft ständig neue Sneaker. Er hat schon viele verschiedene Paare.

   ____

6. Miro trägt sehr ausgefallene Sachen. Er will anders aussehen.

   ____

DSD 1

1.04

c Du hörst fünf Szenen. Sie spielen in der Stadt. Zu jeder Szene gibt es drei Bilder. Welches Bild passt? Kreuze beim Hören zu jeder Szene das richtige Bild (A oder B oder C) an. Danach hörst du die Szenen noch einmal.

Sieh dir die Bilder genau an und achte auf die Unterschiede.

Szene 1

Sieh dir zuerst die Bilder an. Du hast dafür 6 Sekunden Zeit.

A ☐

B ☐

C ☐

Szene 2

Sieh dir zuerst die Bilder an. Du hast dafür 6 Sekunden Zeit.

A ☐

B ☐

C ☐

Szene 3
Sieh dir zuerst die Bilder an. Du hast dafür 6 Sekunden Zeit.

 A ☐  B ☐  C ☐

Szene 4
Sieh dir zuerst die Bilder an. Du hast dafür 6 Sekunden Zeit.

 A ☐  B ☐  C ☐

Szene 5
Sieh dir zuerst die Bilder an. Du hast dafür 6 Sekunden Zeit.

 A ☐  B ☐  C ☐

8 a Lernen – üben – spielen. Arbeitet zu zweit. Findet die Paare. Person A sagt ein Wort von links, Person B sagt das Paar-Wort von rechts. Dann wechselt ihr. Spielt so schnell wie möglich.

✦ cool ✦ dünn ✦ wichtig ✦ ~~sportlich~~ ✦ gesund ✦
✦ hübsch ✦ modern ✦ intelligent ✦ preiswert ✦
✦ interessant ✦ ~~gut~~ ✦ praktisch ✦ einfach ✦
✦ stark ✦ glücklich ✦ sympathisch ✦ toll ✦

✦ schwach ✦ unpraktisch ✦ hässlich ✦ schwierig ✦
✦ unglücklich ✦ ~~unsportlich~~ ✦ unwichtig ✦ uncool ✦
✦ schlecht ✦ dumm ✦ unsympathisch ✦ dick ✦
✦ altmodisch ✦ langweilig ✦ blöd ✦ ungesund ✦
✦ teuer ✦

Sportlich …

Unsportlich!
Gut …

b Macht das Buch zu. Jede/r schreibt die Wortpaare auf. Wer erinnert sich an die meisten? Person A oder Person B?

Perfekt

Was passt wo? Ordne zu.

1. ____ Mia hat heute Morgen so müde
2. ____ Florian hat sich selbst die Haare
3. ____ Schau mal, Clara hat sich schon wieder
4. ____ Jannik hat gestern wieder seinen alten Lieblingspulli
5. ____ Warum war der Pulli so schmutzig? Hat er ihn nicht

A ausgesehen.
B umgezogen.
C getragen.
D geschnitten.
E gewaschen?

Wichtige Wörter

Seite 8

der **Muskel**, -n

die **Figur** *(eine gute Figur haben)*

das Tattoo, -s

das Piercing, -s

das Make-up

der **Stil**, -e

(nicht) gut aus|sehen *(sieht aus, sah aus, hat ausgesehen)*

die **Fitness**

der **Schmuck**

die **Frisur**, -en

altmodisch

schick

hübsch

elegant

zu|ordnen

die **Schulter**, -n →

der **Hut**, Hüte →

Seite 9

sich die Zähne **putzen**

sich die Haare färben

sich **um|ziehen** *(zieht um, zog um, hat umgezogen)*

sich **schminken**

sich **rasieren**

sich **waschen** *(wäscht, wusch, hat gewaschen)*

sich die Haare **schneiden** *(schneidet, schnitt, hat geschnitten)*

sich (die Haare) kämmen

die Klamotten (Pl.)

das Statement, -s

ständig

die **Creme**, -s

die **Drogerie**, -n

auf|regen *(Das regt mich echt. auf.)*

ausschließlich

der **Monat**, -e

der **Kamm**, Kämme

die **Bürste**, -n

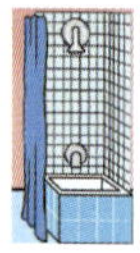

die Hygiene

die **Badewanne**, -n

gründlich

die **Zahnbürste**, -n

die **Zahnpasta**, -s

mit|geben *(gibt mit, gab mit, hat mitgegeben)*

die Zahnspange, -n

schief

dauernd

die **Lippe**, -n

blass

das **Parfüm**, -s

das Motiv, -e

aus|suchen

erstellen *(Erstellt eine Tabelle.)*

die **Tabelle**, -n

der **Bart**, Bärte

Seite 10

die Körperpflege

die **Tätigkeit**, -en

zweimal →

das **Beispiel**, -e

die **Aussage**, -n

der Angeber, -

posten

Seite 11

zusammen|fassen

die **Muttersprache**, -n

weshalb

die **Folge**, -n

daher/darum
/deswegen
funktionieren
ergänzen

der **Streit**

Seite 12

die **Überschrift**, -en
der **Vergleich**, -e
perfekt
sich **beschäftigen** *(mit + Dat.)*
das **Detail**, -s
die **Erfahrung**, -en
der **Kommentar**, -e
bereits
tatsächlich
produzieren
gleichzeitig
kräftig
gar *(gar nicht)*
stündlich
jedes Mal
der **Klick**, -s
absolut
schlank
flach
die **Diät**, -en
ab|nehmen *(nimmt ab, nahm ab, hat abgenommen)*
dünn
ziemlich *(Ich finde das ziemlich seltsam.)*
seltsam
äußerlich
die Eitelkeit
der **Wert**, -e *(Wert legen auf + Akk.)*

ähnlich

ausgefallen *(eine ausgefallene Frisur)*
anfangs
mittlerweile
sich **gewöhnen** *(an + Akk.)*
behaupten
beeinflussen
bestimmt *(Das ist bestimmt wahr.)*
der **Grund**, Gründe
da *(Da er gut aussehen will, …)*
treiben *(treiben, trieb, hat getrieben) (Sport treiben)*

Seite 13

zu|stimmen
widersprechen *(widerspricht, widersprach, hat widersprochen)*
recht *(Du hast recht.)*
überzeugt *(Ich bin überzeugt, dass …)*
stimmen *(Das stimmt.)*
obwohl
un- *(ungesund)*
das **Geld**

preiswert
das **Kapitel**, -
die **Wahl**, -en *(Freie Wahl / Du hast die Wahl.)*
besonder- *(Blau ist eine besondere Haarfarbe.)*

Was kann ich?

1 **Ich kann über die Themen „Körper“, „Hygiene“, „Schönheit“, „Selbstdarstellung“ und „Fitness“ sprechen.** ☺ 😐 ☹

→ KB/ÜB A1, A2

Das ist Ella. Sie hat ihren eigenen St __ __. Sie ist spo __ __ __ i __ __, mag bunte Kleidung und buntes M __ __ __-__ p. Sie sc __ __ in __ t sich gern. Auch ihre Haare sind bunt und sie hat auch eine besondere Fr __ __ __ __, Rasta-Locken. Ich mag es, dass sie anders ist und anders au __ __ __ __ __ t als die meisten Mädchen in meiner Klasse.

2 **Ich kann etwas begründen.** ☺ 😐 ☹

→ KB/ÜB A4, A6

Ich bin leider krank, deswegen …

Ich poste viele Fotos im Netz, da …

Ich freue mich total, weil …

Fitness ist mir wichtig, darum …

3 **Ich kann eine Meinung äußern, zustimmen oder widersprechen.** ☺ 😐 ☹

→ KB/ÜB A6

Ich bin der Meinung, dass der Charakter wichtiger ist als das Aussehen. 👍 *Ich finde, du hast recht.*

Meiner Meinung nach ist eine gute Figur wichtig. 👎 ______________________

Ich denke, dass Diäten Quatsch sind. Sport ist besser. 👍 ______________________

Viele Likes für meine Bilder finde ich total wichtig. 👎 ______________________

4 **Ich kann Gründe und Gegengründe nennen.** ☺ 😐 ☹

→ KB/ÜB A7

✦ spät ins Bett gehen / (nicht) früh aufstehen müssen ✦ (nicht) lernen / Test schreiben ✦ … ✦

Ich gehe spät ins Bett, obwohl ______________________

Ich gehe spät ins Bett, weil ______________________

____

____

So lerne und übe ich

5 **Ich erstelle Lernkarten und übe Strukturen mit Beispielen.** ☐ **manchmal** ☐ **oft** ☐ **nie**

sich waschen

Ich wasche ______________.

Ich wasche ______________ die Hände.

sich kämmen

Er kämmt ______________.

____

Immer online 2

1 a Thema „Medien und Internet“ – Lies die Beschreibungen und ergänze die Wörter im Rätsel.

online 1

Waagerecht:

2. Geschichte in mehreren Teilen
6. Filme, Sport, Nachrichten live online sehen
7. Programm für das Handy
8. Neuigkeiten aus der Welt auf Papier
9. In Apps, im Internet oder im Fernsehen läuft ständig … für Sachen, die man kaufen soll.

Senkrecht:

1. anderes Wort für Internet
2. anderes Wort für Handy
3. Viele hören den Wetterbericht im …
4. ein Computer, den du tragen kannst
5. nicht „offline“, sondern …

b Ergänze in den Sätzen Wörter aus dem Rätsel in der passenden Form.

1. ● Boah, ich habe schon wieder kein ________ . ○ Echt? Also ich bin ______________ .
2. ● Ich habe eine neue ______________ für mein Fitness-Programm. ○ Cool. Die gefällt mir, die lade ich auch auf mein ______________________ .
3. ● ______________ du lieber oder siehst du lieber fern? ○ Ich sehe alles online, entweder auf dem Handy oder auf meinem ______________ .
4. ● Hörst du morgens ______________ ? ○ Ja, beim Frühstück.
5. ● In der ______________ steht, dass es morgen schneit. ○ Im Mai? Das ist doch verrückt!
6. ● Kennst du die ______________ „Streit um Luna“? ○ Ja, klar. Heute Abend kommt leider der letzte Teil.

2 **a** **Du hast im Radio einen Beitrag zum Thema „Medienverhalten von Jugendlichen" gehört. Im Online-Gästebuch der Sendung findest du folgende Meinung. Lies den Beitrag. Stimmst du zu oder nicht? Notiere zwei Gründe für deine Meinung.**

Nina 23.07., 20:41 Uhr

Viele Erwachsene finden, dass Jugendliche zu oft online sind. Darum wollen manche Eltern, dass ihre Kinder für einen oder zwei Tage pro Woche kein Smartphone benutzen. Ich finde das blöd, weil es heute für alle ganz normal ist, dass man immer online ist.

____

____

online 2

b **Lies den Redemittelkasten und ordne die Redemittel zu.**

✦ Die meisten Jugendlichen …, weil … ✦ Ich glaube (nicht), dass …, ✦ Ich bin der Ansicht, dass … ✦ Viele Eltern/Freunde/ … , darum … ✦

Die eigene Meinung nennen	Gründe nennen
Ich finde (nicht), dass …	Viele Menschen …, weil/da…
Ich bin der Meinung, dass …	Ein Grund dafür ist, dass …
Ich finde es richtig, dass …	Das ist wichtig/nötig/…, denn …
____________	____________
____________	____________

c **Schreib jetzt deine Meinung zum Thema (ca. 80 Wörter). Begründe deine Meinung.**

3 **a** **Regeln für die Mediennutzung – Wie findest du es, wenn andere in diesen Situationen immer wieder ihr Handy benutzen? 1 = das Handy nervt total, 5 = das Handy ist okay.**

__ Ich möchte dich etwas Wichtiges fragen.

__ Wir wollen das Wochenende planen.

__ Wir wollen zusammen für den Test lernen.

__ Ich erzähle von einem Problem.

__ Wir essen am Abend zusammen.

__ Ich möchte dir etwas erklären.

__ Wir wollen uns für eine Reise entscheiden.

__ Wir wollen etwas zusammen spielen.

__ Ich möchte mit dir zusammen feiern.

__ Ich gehe mit dir in der Stadt shoppen.

b **Vergleicht zu zweit und begründet eure Entscheidungen. Fehlen wichtige Situationen (Familie, Schule, Freunde)? Welche?**

2

4 a Lies den Text und ergänze die Lücken, wenn nötig.

online 3

Digital Detox – Handy aus ist cool

Fast all_en_ (1) Menschen geht es gleich: Sie benutzen täglich ihre Smartphones und sind immer in den Sozialen Medien aktiv. Aber viel___ (2) sind von den Nachrichten und von zu viel___ (3) Informationen genervt. Das sagen nicht nur Personen über 60, sondern auch junge Leute. Darum schalten manch___ (4) Jugendliche bei Treffen mit ihren Freunden das Handy aus. Und immer mehr Leute machen mit. Einig___ (5) versuchen sogar, an manch___ (6) Tagen ganz offline zu sein. In manch___ (7) Bars und Clubs ist es schon verboten, Smartphones zu benutzen. Und immer mehr Artikel geben Tipps, wie man mit wenig___ (8) Tricks auch einmal seine Ruhe hat. Einfach nur mit Freunden quatschen und kein___ (9) Nachrichten bekommen, die man lesen muss. All___ (10) Handys haben dann Pause. Cool, oder?

Alle, viele, wenige, manche und *einige* können auch ohne Nomen stehen.
Viele (Schüler) haben einen Laptop.

Die Endungen sind leicht: nur im Dativ ein *-n* am Ende.

online 4

b Was sagt der Text aus 4a? Ergänze passende Wörter (*manche, einige, alle, viele, ...*).

1. Auch ______________ junge Menschen wollen nicht immer Nachrichten bekommen.
2. In der Freizeit sind ______________ auch einmal offline.
3. 24 Stunden nicht im Netz sein? ______________ wollen das ausprobieren.
4. In ______________ Bars darf man nicht mehr telefonieren, Nachrichten posten oder fotografieren.
5. Wenn man zusammensitzt und reden möchte, sollten ______________ ihre Handys ausschalten.

5 a Über Vorlieben sprechen – Ergänzt abwechselnd die Sätze und sprecht zu zweit wie im Beispiel.

1. Im Internet sehe ich am liebsten ... an.
2. Wenn ich etwas lese, dann gefällt/gefallen mir ... am besten.
3. Ich benutze meistens ..., wenn ich Informationen für ein Referat suche.
4. ... finde ich sehr gut, wenn ich chillen will.
5. Bei Youtube gefällt/gefallen mir ... am besten, weil ...
6. Den Blog ... mag ich sehr, denn ...

Im Internet sehe ich am liebsten ...

Echt? Ich nicht, ich ...

b Wähle vier Sätze aus 5a und schreib sie auf.

6 Sag mal ... *s*-Laute – Hör die Sätze und achte auf die markierten *s*-Laute. Sprich die Sätze dann laut. ⟺ oder Sprich die Sätze laut und achte auf die markierten *s*-Laute. Hör dann zur Kontrolle.

1.05

1. **S**abine **s**ieht **S**erien **s**ehr oft und **s**o gerne.
2. Wei**ß** Christian, da**ss** er im Te**s**t eine Ein**s** hat?
3. Am **S**am**s**tag **s**ehe ich **S**arah auf dem Fe**s**t.

7 a Du hörst vier Nachrichten auf dem Anrufbeantworter. Lies zuerst die Aufgaben 1–4. Du hast dafür 60 Sekunden Zeit. Hör dann die Nachrichten und löse die Aufgaben beim Hören. Kreuze bei jeder Aufgabe die richtige Lösung (A oder B oder C) an. Danach hörst du die Nachrichten noch einmal.

DSD 1

1.06

1. Pauline

A ☐ kennt sich mit Smartspeakern aus.
B ☐ nervt, dass der Smartspeaker kaputt ist.
C ☐ bringt Pizza und Eis zum Nachtisch mit.

2. Helena

A ☐ möchte auf dem Flohmarkt Comics kaufen.
B ☐ braucht einen Tisch zum Verkaufen.
C ☐ möchte, dass Finja ihr den Tisch verkauft.

3. Die Jugendlichen aus der Medien-AG

A ☐ machen heute einen Ausflug.
B ☐ haben am Nachmittag keinen Unterricht.
C ☐ gehen mit Herrn Dahlke schwimmen.

4. Der Kopfhörer

A ☐ gehört Mika.
B ☐ ist schon drei Wochen bei Mika.
C ☐ ist für Lisas Oma.

b Was ist richtig? Kreuze an.

1. Kim hört eine ☐ coolen ☐ coole ☐ cooler Kassette.
2. Kims Mutter möchte die ☐ alte ☐ alten ☐ altes Geräte verkaufen.
3. Marie und Jenny finden das ☐ grüne ☐ grünen ☐ grüner Telefon interessant.
4. Kims Eltern haben auch einen ☐ großer ☐ großen ☐ große Plattenspieler.
5. Im Karton liegt ein ☐ schwarzen ☐ schwarzes ☐ schwarze Radio.

c Kims Mutter und ihre Medien – Ergänze die Adjektive. Nominativ, Akkusativ oder Dativ?

Mit 14 Jahren habe ich eine ______________ (1, cool) CD von Bob Marley gekauft. Mit 20 Jahren habe ich ein Handy bekommen. Es war ein ______________ (2, groß) Handy ohne ______________ (3, interessant) Apps. Die Nachrichten habe ich immer mit meinem ______________ (4, klein) Radio gehört. Ich habe mit einem ______________ (5, langsam) Computer gearbeitet. Ja, so war das früher!

d Ergänze die Sätze. Es gibt viele Möglichkeiten.

✦ schwarz ✦ cool ✦ alt ✦ ✦ neu ✦ groß ✦ klein ✦ ✦ grau ✦ weiß ✦	✦ das Smartphone ✦ der Fernseher ✦ der Plattenspieler ✦ das Radio ✦ ✦ die Kassette ✦ der Smartspeaker ✦ der Laptop ✦ das Tablet ✦ ✦ der CD-Player ✦ der Kassettenrekorder ✦ … ✦

1. Ich wünsche mir ______________________________
2. Im Keller haben wir noch ______________________________
3. ______________________________ funktioniert nicht mehr.
4. Mit ______________________________ höre ich manchmal Musik.
5. Ich benutze ______________________________ nie.

8 **a** **Der neue Smartspeaker – Lies Olivers Meinung und ergänze die Wörter. oder Ergänze die Wörter. Der Kasten hilft. Achtung: Acht Wörter bleiben übrig.**

Meine Eltern haben einen Smartspeaker gekauft. Jetzt habe ich oft das G_______________ (1), dass meine Eltern v_______________ (2) geworden sind. Sie schreien laut durch die Wohnung, wenn sie dem Smartspeaker B_______________ (3) geben, aber oft passiert gar nichts und dann schreien sie noch lauter. Da b_______________ (4) ich doch lieber direkt mein Handy, wenn ich etwas wissen will oder in meinen Kalender gucken muss. Aber meine Eltern können nicht so schnell t_______________ (5) wie ich. Sie haben den Smartspeaker auch schon mit der H_______________ (6) und dem K_______________ (7) verbunden. So wird man doch total faul. Aber der größte N_______________ (8) ist, dass man nicht weiß, was mit den D_______________ (9) passiert. Und was hört der Smartspeaker noch alles?

Daten	verrückt	tragen	Heizung	benutze	Dienste	Haus	Netz	tippen
Gerät	Kühlschrank	Gefühl	viel	Befehle	Kaffeemaschine	befehle	Nachteil	

b **Wie findet Oliver den Smartspeaker? Kreuze an und ergänze.**

Oliver findet den Smartspeaker ☐ gut ☐ schlecht, weil ____

online 5

c **Was passt zusammen? Verbinde.**

1. Vielleicht solltest du nicht das	einfacheres	Gerät kaufen.
2. In der Schule haben wir eine	billigste	Verbindung als zu Hause.
3. Mein Vater mag die	witzigerer	Smartphones gar nicht.
4. Für manche Menschen können Sprachassistenten ein	genauesten	Leben bedeuten.
5. Lexana ist ein	schnellere	Sprachassistent als Lisi.
6. Ich habe eine App mit der	moderneren	Wettervorhersage.

d **Ergänze die passenden Endungen.**

1. Kauf dir endlich mal ein neuer____ Handy.
2. Älter____ Sprachassistenten sind nicht so intelligent.
3. Mit einem neuer____ Smartspeaker kann man viel Spaß haben.
4. Mein Vater hat wieder die neuest____ App heruntergeladen.
5. Ein Mitschüler kauft nur die billigst____ Geräte und die sind schnell kaputt.
6. Mein Opa braucht für seine neuen Geräte eine moderner____ Fernbedienung.

e **Lies die Nachrichten und ergänze die Adjektive im Komparativ oder Superlativ. Achte auf die Endungen.**

Hi Leute, wir wollen eine Challenge machen: Kims Lexana oder Henris Lisi? Welcher ist der ________________ (1, witzig) Sprachassistent von beiden? Gibt Lisi ________________ (2, gut) Antworten als Lexana? Der Assistent mit den ________________ (3, lustig) Antworten gewinnt!

Hi Lukas, ich habe den ________________ (4, gut) Streamingdienst gefunden! Der hat eine ________________ (5, groß) Auswahl als deiner! Es gibt die ________________ (6, neu) Songs, Filme und Serien! Er heißt monkeystream. Musst du unbedingt ausprobieren!

9

a **Lies die Anzeigen. Was passt? Markiere.**

1

Freundliche / Seltene Schülerin sucht Job als Babysitterin. Habe viel Erfahrung / Arbeit mit Kindern zwischen 0 und 8 Jahren. Interesse? Bitte bezahlen / melden: 0132-83 67 407

2

Biete / Suche 30 alte Spiderman-Comics in gutem / seltenem Zustand. Pro Stunde / Insgesamt 100€. Verkauf von sympathischen / einzelnen Comics ist auch möglich / praktisch: 5€ pro Stück. 0190-24 99 765

b **Welche Adjektiv-Form passt? Kreuze an.**

1. Arbeiten in ☐ tollem ☐ tollen Feriencamp an der Nordsee! ☐ Junge ☐ Junges Team sucht ☐ sympathischen ☐ sympathische Jugendliche ab 16 für Arbeit mit ☐ kleine ☐ kleinen Kindern.
2. Verkaufe ☐ gebrauchten ☐ gebrauchtes Radio, nur ein Jahr alt, ☐ cooles ☐ coole Design.
3. ☐ Nette ☐ Netter Schüler sucht ☐ leichten ☐ leichte Arbeit. Hunde ausführen, Gartenarbeit, …
4. ☐ Ältere ☐ Älterer Frau sucht dringend ☐ freundlicher ☐ freundlichen Schüler mit ☐ große ☐ großer Erfahrung mit Computern, einmal wöchentlich.

c **Lies die Anzeigen und ergänze die Adjektive in der richtigen Form.**

1

________________ (freundlich) Schülerin mit sehr ____________ (gut) Noten bietet Hilfe bei den Hausaufgaben in Mathe, Deutsch, Englisch für Schülerinnen und Schüler (Klassen 5–8). Interesse? Bitte ____________ (kurz) Nachricht an: s.opperman@gnz.de

2

Biete ________________ (toll) Plattenspieler und insgesamt 25 ________________ (alt) Schallplatten für nur 60€! Plattenspieler in ________________ (modern) Design und ________________ (perfekt) Zustand. Bitte melden: 0181-912 73 84…

10

Lies den Chat. Was schreiben Kim und Marie? Schreib die Nachrichten in normaler Sprache. Achte auch auf Groß- und Kleinschreibung.

hi kim, wmds?

Nix. Wollen wir zs nen Film bei dir zH schaun? Haste jz Zeit?

sry, muss gleich weg. um 18 uhr vllt? welchen film?

KP. Egal, entscheiden wir dann. Bin um 19 Uhr da. LG

Hi Kim, was ... ?

11

Lernen – üben – spielen. Spielt zu viert, in zwei Teams. Person A wählt ein Wort und beschreibt es Person B. Erraten? Dann streicht das Wort durch. Ihr habt eine Minute Zeit. Ratet so viele Wörter wie möglich. Dann ist das andere Team dran. Spielt mindestens zwei Runden. Welches Team hat die meisten Wörter geraten?

✦ die Zeitung ✦ das Programm ✦ die Nachrichten ✦ die Werbung ✦ ~~das Handy~~ ✦ drucken ✦
✦ der Spielfilm ✦ die Serie ✦ die Vorliebe ✦ bloggen ✦ die Hälfte ✦ der Link ✦ checken ✦
✦ der Wetterbericht ✦ googeln ✦ das Gefühl ✦ der Kühlschrank ✦ die Heizung ✦ der Kalender ✦
✦ der Befehl ✦ herunterladen ✦ die Kamera ✦ der Comic ✦ der Drucker ✦ anklicken ✦

Jeder hat das. Man kann telefonieren, Nachrichten schreiben, Musik hören, Youtube …

Das Handy!

Team 1	Team 2
III	IIII

Perfekt

Was passt? Markiere. Notiere dann den Infinitiv.

1. Sie haben früher weniger Zeit mit Medien verbracht / verstanden. ____________
2. Ich habe den Smartspeaker mit der Lampe verbunden / verloren. ____________
3. Mit Computern habe ich mich schon immer gut ausgemacht / ausgekannt. ____________
4. Bei Familie Winter hat der Smartspeaker schon viele Aufgaben übernommen / überwiesen. ____________
5. Henri hat Lisi befohlen / begonnen, dass sie Japanisch spricht. ____________
6. Mein Vater ist echt süß. Er hat alle meine Bilder aus dem Kindergarten aufgenommen / aufgehoben. ____________

Wichtige Wörter

Seite 15

das **Medium**, Medien →
das **Netz** *(im Netz)*
real
das **Leben**, -
benutzen *(ein Gerät benutzen)*
das **Fernsehen**
die App, -s
vor *(vor dem Test)*
die **Technik**, -en
streamen
die **Serie**, -n
die **Werbung**
nutzen *(das gute Wetter nutzen)*
das **Smartphone**, -s

wie lange
offline
verzichten *(auf + Akk.)*
für *(für eine Woche)*
höchstens
das **Magazin**, -e
erwarten

Seite 16

herunter|fahren *(fährt herunter, fuhr herunter, hat heruntergefahren)*
auf|nehmen *(nimmt auf, nahm auf, hat aufgenommen)*
die **Sendung**, -en
der (Wetter-)**Bericht**, -e
der (Streaming-)**Dienst**, -e
drucken/aus|drucken *(Bitte druck mir die Seite (aus).)*

der **Link**, -s
googeln

klicken/an|klicken
kritisch
die **Studie**, -n
die **Hälfte**, -n *(= 50%)*
das **Drittel**, - *(= 33,3%)* →
das **Viertel**, - *(= 25%)* →
das **Fünftel**, - *(= 20%)*
das **Prozent**, -e *(60 Prozent haben …)*
regelmäßig
bloß *(= nur)*
verbringen *(verbringt, verbrachte, hat verbracht)*
die **Regel**, -n
höflich

Seite 17

wenige
die **Grafik**, -en
besitzen *(besitzt, besaß, hat besessen)*
der (Sprach-)Assistent, -en
persönlich
bloggen
senden *(sendet, sendete, hat gesendet)*

Seite 18

die CD, -s
der **CD-Player**, -
die (Schall-)Platte, -n
der Plattenspieler, -

der Smartspeaker, -
die **Kassette**, -n

der (Kassetten-)Rekorder, -
aus|wählen
achten *(auf + Akk.: Achtet auf die Endungen.)*

gehören *(+ Dat.: Das gehört mir.)*

ab|spielen

der Karton, -s

auf|heben *(hebt auf, hob auf, hat aufgehoben)*

Seite 19

tippen

der **Vorteil**, -e

der **Nachteil**, -e

die **Reihenfolge**, -n

kaum *(Ich habe kaum geschlafen.)*

befehlen *(befiehlt, befahl, hat befohlen)*

der Befehl, -e

der **Kalender**, -

ein|tragen *(trägt ein, trug ein, hat eingetragen)*

die **Wettervorhersage**, -n

checken *(Mails checken)*

verbinden *(verbindet, verband, hat verbunden)*

bedienen

die **Fernbedienung**, -en

die **Heizung**, -en

übernehmen *(übernimmt, übernahm, hat übernommen)*

die **Generation**, -en

selten

sinnlos

der **Pinguin**, -e

verrückt

überlegen *(Da muss ich überlegen.)*

die **Daten** (Pl.)

der **Hersteller**, -

verbessern

das **Modell**, -e *(das neueste Modell)*

die **Zukunft** *(in Zukunft)*

das **Gefühl**, -e

allgemein *(Das ist allgemein bekannt.)*

Seite 20

übrig *(Eine Anzeige bleibt übrig.)*

dringend

wöchentlich

sich **melden**

flexibel

aus|führen

gebraucht *(= nicht neu)*

der **Drucker**, -

der **Zustand** *(in gutem Zustand)*

bieten *(bietet, bot, hat geboten)*

die **Kamera**, -s

der Speicher, -

die **Annonce**, -n

einzeln

verschieden

motiviert

erfahren *(Sie ist eine erfahrene Lehrerin.)*

das Turnier, -e

insgesamt

Seite 21

die Abkürzung, -en

sich **unterscheiden** *(unterscheidet, unterschied, hat unterschieden)*

zu viert

mischen

dran sein *(Du bist dran.)*

Was kann ich?

1

Ich kann über eine Menge von Personen sprechen. ☺ 😐 ☹
→ KB/ÜB A4

✦ wenige ✦ einige/manche ✦ viele ✦ alle ✦

1. Nur sehr ______________ in meiner Klasse haben kein Handy. (3%)
2. Fast ______________ haben zu Hause einen Computer. (98,9%)
3. ______________ benutzen einen Sprachassistenten. (21%)
4. ______________ kennen noch Kassetten. (74%)

2

Ich kann über Vorlieben bei Medien sprechen. ☺ 😐 ☹
→ KB/ÜB A5

✦ am liebsten ✦ am besten ✦ meistens ✦ gut finden ✦

1 In der Zeitung lese ich ______ ____________ Sport. Und du?

Mir gefallen die Cartoons ________________.

2 Wenn ich Informationen suche, benutze ich __________________ das Internet.

Ich ___________ die Bibliothek für Recherchen auch ___________.

3

Ich kann etwas vergleichen. ☺ 😐 ☹
→ KB/ÜB A8

1

● Der Test war sehr schwer.
○ Findest du? Wir haben schon schwerer__ Tests geschrieben.
● Das stimmt nicht. Das war der schwerst___ Test in diesem Jahr.

2

● Ich wünsche mir ein neues Handy.
○ Auf keinen Fall. Du hast ein viel neuer__ Handy als Mama und ich.
● Aber alle meine Freunde haben die neuest_____ Handys.

So lerne und übe ich

4

Ich schreibe Aussagen in verschiedenen Versionen (Wortschatz, Satzbau). ☐ manchmal ☐ oft ☐ nie

Ich mag Sportsendungen im Fernsehen sehr.

Sportsendungen sehe ich am liebsten im Fernsehen.

Musik höre ich meistens online.

____
____
____

Mir gefallen Blogs zu Mode und Sport im Internet sehr.

____
____
____

Schmeckt das? 3

1 a In der Schulküche – Was ist was? Ergänze die Wörter.

online 1

1. der ______________ 5. die ______________ 9. die ______________

2. das ______________ 6. die ______________ 10. der ______________

3. der ______________ 7. der Essig ______________ 11. der ______________

4. die ______________ 8. das ______________ 12. die ______________

b Wie heißen die Wörter? Ergänze.

1. die P __ c __ __ n __ Nudeln 2. die D __ s __ Cola 3. das G __ __ s Honig

c Wie heißen die Adjektive? Was schmeckt so? Markiere die Adjektive und schreib sie und je ein passendes Nomen ins Heft.

s a r s ü ß k e m b i t t e r i l r s a u e r h z o s c h a r f n l e s a l z i g o p d

d Was passt wo? Ordne zu. Ergänze dann weitere Wörter.

✦ die Hauptspeise ✦ das Dessert / die Nachspeise ✦ die Vorspeise ✦

1. ______________	2. ______________	3. ______________
die Suppe	das Schnitzel	das Eis

e Vergleicht zu zweit die Wörter in 1c und d. Habt ihr Gemeinsamkeiten?

2 a Das Fest der Kulturen – Ergänze die Verben in der richtigen Form.

✦ vorstellen ✦ ~~stattfinden~~ ✦ probieren ✦ organisieren ✦ besuchen ✦ üben ✦ unterstützen ✦

Am Schiller-Gymnasium findet am 15. Juli das Fest der Kulturen statt (1). Die Schüler und Schülerinnen ______ (2) das Fest gemeinsam. Viele Lehrer und Lehrerinnen finden die Idee toll und ______ (3) die Schüler. Jede Klasse ______ auf dem Fest ein Land ______ (4). Man kann viele Gerichte aus verschiedenen Ländern ______ (5) und einen Minisprachkurs ______ (6). Die Schüler können auch traditionelle Tänze ______ (7).

b Relativsätze im Nominativ – Ergänze die Relativpronomen.

	Relativpronomen	
1. Valentin ist der Schüler,		die Idee zu dem Fest hatte.
2. Es ist das zweite Fest,		dieses Jahr am Schiller-Gymnasium stattfindet.
3. Naira ist die Schülerin,		ein Gericht aus Armenien mitbringt.
4. Frau Schmidke und Herr Samatin sind die Lehrer,		bei der Organisation viel geholfen haben.

c Schreib die Relativsätze.

1. Die 9b ist die Klasse, die auf dem Fest einen Kochkurs anbietet.
   (Sie bietet auf dem Fest einen Kochkurs an.)
2. United Colours heißt die Schulband, ______
   (Sie tritt am Nachmittag auf.)
3. Shiva ist das Mädchen, ______
   (Es organisiert einen Tanzkurs.)
4. Tarik ist der Schüler, ______
   (Er bringt ein Gericht aus Bosnien mit.)
5. Der Kochkurs und der Arabischkurs sind die Kurse, ______
   (Sie sind am beliebtesten.)

online 2

d Wo steht der Relativsatz? Markiere und schreib die Sätze ins Heft.

1. Das Schulgebäude ist schön geschmückt. Es ist schon sehr alt.
2. Auch viele Schüler sind zu dem Fest gekommen. Sie waren früher auf der Schule.
3. Clara kann leider nicht kommen. Sie liebt große Feste.
4. Jamal bleibt bis zum Schluss. Er findet das Fest besonders toll.
5. Die Schüler dürfen am nächsten Tag später kommen. Sie helfen beim Aufräumen.

1. Das Schulgebäude, das schon sehr alt ist, ist schön geschmückt.

3 a Nominativ oder Akkusativ? – Ergänze die Relativpronomen.

online 3

A

Ich habe Miro auf dem Fest gesehen.

Ist das der Junge, ________ (1) du so toll findest?

Jaaaaaaa. Aber er hat sich die ganze Zeit mit Olivia unterhalten.

Olivia? Ist das das Mädchen, ________ (2) neu an der Schule ist?

Nein, das ist meine Nachbarin, ________ (3) mich so nervt …

B

Hast du den Salat probiert, ________ (4) ich mitgebracht habe?

Sehr lecker! Und hast du die Torte gegessen, ________ (5) Jannik gebacken hat?

Ja, die war sehr gut. Ich wusste gar nicht, dass Jannik backen kann. Ich dachte, er ist ein Typ, ________ (6) immer nur Fast Food isst.

Quatsch! Er kann auch kochen!

C

Weißt du, wo der Pulli ist, ________ (7) ich auf dem Fest anhatte?

Nee, wieso? Ist er weg? Das war der Pulli, ________ (8) so teuer war, oder?

Ja, leider. Hast du die Jacke, ________ (9) du verloren hast, eigentlich wiedergefunden?

Ja, die war beim Hausmeister. Geh da auch mal hin! In dem Karton, ________ (10) vor seinem Büro steht, sind viele Sachen.

Die Relativpronomen haben die gleiche Form wie die Artikel.
Nominativ: der, das, die, die
Akkusativ: den, das, die, die

b Spielt zu zweit. Fragt und antwortet abwechselnd.

1. Florian?
2. Nachbarin: Ich treffe sie jeden Tag.
3. Paula?
4. Schüler: Er kommt aus Rostock.
5. Frau Bergmann?
6. Lehrer: Wir haben ihn nächstes Jahr in Mathe.
7. Jannik?
8. Mädchen: Es kommt aus Frankreich.
9. Sinan?

1. Freund: Ich kenne ihn schon lange.
2. Pia?
3. Schülerin: Sie geht in die Klasse 9b.
4. Ole?
5. Lehrerin: Ich mag sie sehr.
6. Herr Samatin?
7. Junge: Wir sehen ihn jeden Morgen im Bus.
8. Valerie?
9. Schüler: Er reitet gerne.

Wer ist Florian?

Florian ist ein Freund, den ich schon lange kenne.

4 a Chili – Welche Zutaten sind im Gericht? Ergänze.

1. das ____ fl __ __ s __ __
2. die K __ __ b __ __ u __ h __ __ h __
3. die __ w __ __ b __ l
4. die G __ __ ü __ __ __ r __ h __
5. die __ o __ ne __
6. der M __ __ __
7. die __ e w ü __ __ __

b Was passt nicht in die Reihe? Streiche durch und verbinde.

1. die Pilze – ~~die Aprikose~~ – der Mais – die Paprika – die Tomate — das Gemüse
2. das Hackfleisch – das Hähnchen – die Gemüsebrühe – der Rinderbraten
3. das Salz – der Pfeffer – der Zucker – die Sahne
4. zwei Liter – die Pfanne – ein Kilo – 500 Gramm

das Fleisch
die Gewürze
die Mengen
das Gemüse

c In der Küche – Suche zehn Wörter und ordne zu. Schreib die Nomen mit dem Artikel.

K	O	C	H	E	N	A	N	C
A	W	Y	G	W	H	J	S	F
C	U	T	O	P	F	L	C	B
H	E	R	D	F	P	B	H	A
W	R	B	R	A	T	E	N	C
N	Z	U	D	N	A	S	E	K
T	E	R	O	N	Z	S	I	E
V	N	T	M	E	L	K	D	N
S	C	H	U	E	S	S	E	L
B	A	C	K	O	F	E	N	E

Geschirr/Geräte

der Topf, ______________________

____

____

____

Tätigkeiten

____

____

____

____

d Essen zubereiten – Was muss man tun? Markiere das passende Verb.

1. die Milch in eine Schüssel gießen / stellen
2. die Zwiebeln klein schneiden / kochen
3. die Soße am Ende mit Salz und Pfeffer mischen / würzen
4. das Fleisch in der Pfanne backen / braten
5. das Gemüse mit Wasser gießen / waschen
6. alle Zutaten in eine Schüssel geben / stellen
7. den Kuchen 45 Minuten im Backofen backen / braten
8. den Topf auf den Herd stellen / geben
9. die Suppe bei mittlerer Hitze 15 Minuten lang kochen / würzen
10. die Pfanne vom Herd nehmen / geben
11. Mehl und Zucker in einer Schüssel gut mischen / backen
12. das Gericht in den Ofen backen / stellen

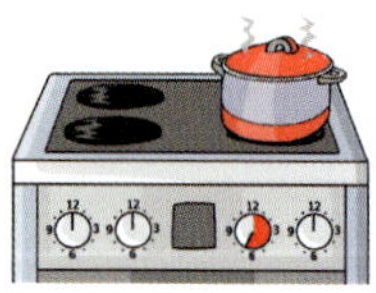

1.07 **e** **Was braucht man für den Nudelsalat? – Hör den Anfang von einem Kochvideo. Ergänze die Liste der Zutaten.**

Zutaten:

300 Gramm ____________________,

150 Gramm ____________________,

eine Zwiebel und drei ____________________,

eine ____________________ (grün), vier frische

________ __________, eine Dose ______________,

etwas Butter

für die Soße:

6 Löffel Öl und 3 Löffel ____________________,

Gewürze: ________________, ________________

1.08 **f** **Wie macht man den Nudelsalat? – Hör die Anleitung. Ordne die Arbeitsschritte zu.** oder **Ordne die Arbeitsschritte zu und hör dann zur Kontrolle.**

online 4

1. ____ die Nudeln wie in der Anleitung auf der Packung in Salzwasser kochen und dann
2. ____ den Schinken, die Zwiebeln und den Knoblauch
3. ____ etwas Butter in eine Pfanne geben und die Zutaten drei Minuten braten, dann
4. ____ die Paprika und die Tomaten
5. ____ alle Zutaten
6. ____ die Soße mit Öl und Essig vorbereiten und
7. ____ zum Schluss den Salat

A auch noch den Mais in die Pfanne geben
B über den Salat gießen
C in eine Schüssel geben
D mit Salz und Pfeffer würzen
E zu den Nudeln in die Schüssel geben
F klein schneiden
G zuerst waschen, dann klein schneiden

g **Und du? Kochst oder backst du gern? Liest du Blogs mit Rezepten oder siehst du Videos oder Sendungen zum Thema an? Was hast du schon mal ausprobiert? Ist es gelungen und hat geschmeckt? Schreib einen kurzen Text.**

Kochen mag ich nicht, aber ich ... Auf Youtube sehe ich manchmal ...

5 **Sag mal ... *p* oder *b*, *t* oder *d*, *k* oder *g*? – Sprecht zu zweit. Ordnet die Wörter und schreibt sie in eine Tabelle. Hört dann zur Kontrolle.**

1.09

✦ ~~der Rinderbraten~~ ✦ der Herd ✦ finden ✦ probieren ✦ gib! ✦ geben ✦ der Knoblauch ✦ häufiger ✦ ✦ organisieren ✦

Man spricht b, d, g.	Man spricht p, t, k.
der Rinderbraten	...

6 a Lies den Text „Essen retten aus dem Abfall“ in Aufgabe 6c im Kursbuch noch einmal und bring die Informationen in die richtige Reihenfolge.

	Viele denken wie Marika, dass die Politiker das Containern erlauben müssen.
1	Marika ist 19 und findet die Lebensmittelverschwendung in Deutschland schlimm.
	Sie nimmt Nahrungsmittel, die Supermärkte weggeworfen haben, aus dem Abfall.
	Sie muss vorsichtig sein, denn Containern ist in Deutschland nicht erlaubt.
	Supermärkte geben alte Lebensmittel manchmal sozialen Organisationen.
	Im Supermarkt kommen Lebensmittel nach Ablauf des Haltbarkeitsdatums meistens in den Müllcontainer.

b Ergänze die passenden Wörter.

1. der Tag, bis zu dem man Lebensmittel mindestens verwenden kann – das Ha ___ ___ b ___ ___ - ___ ___ ___ ts ___ ___ ___ u ___
2. keine Plastiktüten im Supermarkt nehmen – auf Plastiktüten v ___ ___ ___ ich ___ ___ ___
3. jemandem etwas wegnehmen – s ___ ___ hl ___ ___
4. vom Gesetz verboten – s ___ ___ a ___ ___ a ___
5. der Laden – das G ___ ___ ___ ___ ä ___ ___
6. verpackungsfrei – ___ ___ ver ___ ___ ___ ___ t

DSD 1 (1.10)

c Interview mit Milan – Lies zuerst die Sätze 1–5. Du hast dafür eine Minute Zeit. Hör dann das Interview und löse die Aufgaben beim Hören. Kreuze bei jeder Aufgabe (1–5) an: richtig oder falsch? Danach hörst du das Interview noch einmal.

Lies die Aufgaben vor dem Hören genau, markiere wichtige Wörter. Kontrolliere beim zweiten Hören deine Lösungen.

Milan Freitag ist 16 Jahre alt und besucht die 10. Klasse des Gymnasiums in Köln. Wir haben mit ihm über Umweltschutz und Lebensmittelverschwendung gesprochen.

	richtig	falsch
1. Milans Familie möchte so leben, dass es der Umwelt nicht schadet.	☐	☐
2. Die Familie ernährt sich von Lebensmitteln aus dem Abfall.	☐	☐
3. Milan findet es nicht so leicht, aber richtig, wie die Familie lebt.	☐	☐
4. Milans Freunde finden den Lebensstil der Familie interessant.	☐	☐
5. Milan will später beim Fairteiler oder einer Umweltorganisation arbeiten.	☐	☐

d *irgend…* – Ergänze die Dialoge.

In der gesprochenen Sprache sagt man statt *irgendetwas* auch *irgendwas*.

✦ irgendwie ✦ irgendwas ✦ irgendwo ✦ irgendwohin ✦ irgendwer ✦ irgendwann ✦

Dialog A

● Wollen wir nicht ______________ (1) machen? Es ist so langweilig.
○ Was denn? Hat ______________ (2) eine Idee? Du vielleicht, Clemens?
◆ Mhm. Vielleicht könnten wir ja ______________ (3) gehen, in den Park oder zum Sportplatz zum Beispiel?

Dialog B

● Kannst du mir ______________ (1) mal mein Buch zurückgeben? Ich habe es dir schon vor ein paar Wochen geliehen.
○ Stimmt, das liegt ______________ (2) bei mir zu Hause. Das wollte ich dir schon lange geben, aber ich habe es ______________ (3) immer vergessen.

irgendein dekliniert man wie *ein*.

e Was passt? Kreuze an.

1. ● Was wollen wir heute machen? Hast du vielleicht ☐ irgendeine ☐ irgendeiner Idee oder ☐ irgendein ☐ irgendeinen Vorschlag?
   ○ Nee, leider nicht.
2. ● Kommt Lisa nicht mit?
   ○ Nein. Sie hat keine Zeit. Sie ist mit ☐ irgendeine ☐ irgendeiner Freundin verabredet.
3. ● Wo ist Matthis?
   ○ Er ist nicht da. Er wollte zu ☐ irgendeinem ☐ irgendein Konzert nach Berlin fahren.
4. ● Kennst du den Film?
   ○ Nee, nicht genau, aber es ist ☐ irgendein ☐ irgendeinen Film über Umweltschutz.

7

online 5

Für die Umwelt – Was sollten wir tun? Schreib fünf Vorschläge mit *sollen* im Konjunktiv II.

✦ ich ✦ du ✦ meine Schwester ✦ mein Bruder ✦ wir alle ✦ unsere Lehrer ✦ ihr ✦ meine Eltern ✦ … ✦	✦ sollten ✦ sollte ✦ solltest ✦ solltet ✦	✦ weniger Getränke in Plastikflaschen kaufen ✦ weniger Fleisch essen ✦ ein gutes Beispiel für uns sein ✦ auf Plastiktüten im Supermarkt verzichten ✦ Gemüse und Obst unverpackt kaufen ✦ … ✦

Unsere Lehrer sollten ein gutes Beispiel für uns sein.

8

Lernen – üben – spielen. Spielt zu zweit. A wählt ein Wort aus Aufgabe 6c im Kursbuch und zeichnet Linien für jeden Buchstaben. B rät wie im Beispiel. A trägt die Buchstaben ein, für falsche Buchstaben bekommt B Striche. Spielt, bis B das Wort erraten hat. Dann wechselt ihr. Wer ist schneller und hat weniger Striche?

Ist in dem Wort ein A?

Ja.

Hat das Wort ein Z?

Nein.

Perfekt

In der Küche – Markiere alle Partizipien in der Wortschlange und ergänze die Sätze mit den passenden Formen. Es bleiben zwei Partizipien übrig.

gebackengebratengegossengeschnittengenossengewaschengelungen

1. ● Hast du schon einmal für deine Familie einen Kuchen ____________ ?
   ○ Ja, aber er ist mir nicht ____________ .
2. ● Gestern gab es mein Lieblingsessen. Ich hab es so ____________ .
   ○ Was isst du denn am liebsten?
3. ● Iiiih! Du hast die Milch auf den Tisch ____________ ! ○ Oh, tut mir leid!
4. ● Was ist denn mit dir los?
   ○ Ich habe gerade Zwiebeln ____________ und musste total weinen.

Wichtige Wörter

Seite 23

gemeinsam
die **Mahlzeit**, -en →
normalerweise
das **Dessert**, -s
die **Nachspeise**, -n
die **Hauptspeise**, -n
die **Vorspeise**, -n
bitter
salzig
die **Zutat**, -en
sich **ernähren**
häufig *(Esst ihr häufig Fast Food?)*
die **Dose**, -n

der **Essig**
der **Honig**
die Packung, -en
vorwärts

Seite 24

stammen *(Er stammt aus der Türkei.)*
die Speise, -n
das **Büfett**, -s
sich **entscheiden** *(für + Akk.) (entscheidet, entschied, hat entschieden)*
die **Herkunft**
selber *(= selbst)*
ursprünglich
Armenien
unterstützen
die **Organisation**
knapp *(Die Zeit ist knapp.)*
optimistisch
die **Aktion**, -en
traditionell
der **Tanz**, Tänze

Seite 25

eröffnen
nah(e) *(Das Geschäft ist ganz nah von hier.)*
der **Erfolg**, -e

Seite 26

gelingen *(gelingt, gelang, ist gelungen)*
die **Liste**, -n
ausgezeichnet
zu|bereiten
kompliziert
satt
das **Hackfleisch**

die **Zwiebel**, -n

die Knoblauchzehe, -n
das **Öl**, -e

die **Margarine**, -n
die Paprika, -s
der Mais
die (Gemüse-)Brühe, -n
das **Gewürz**, -e

der **Pfeffer**
das **Kilogramm**, -
das **Pfund**, -
zunächst
die Pfanne, -n
gießen *(gießt, goss, hat gegossen)*
würzen
mittler- *(bei mittlerer Hitze)*
die **Hitze**
eventuell
nochmals
Danke, gleichfalls!
genießen *(genießt, genoss, hat genossen)*
gespannt sein *(Ich bin gespannt.)*

Seite 27

die **Anleitung**, -en

der **Pilz**, -e

die **Möhre**, -n 

die **Aprikose**, -n

das **Steak**, -s

die **Schlagsahne**

die **Schüssel**, -n 

das **Mehl**

gering *(bei geringer Hitze)* 

der **(Back-)Ofen**, (Back-)Öfen

die **Soße/Sauce**, -n

der (Rinder-)**Braten**, -

Seite 28

die **Umwelt**

konsumieren

wohl *(Worum geht es wohl?)*

die (Plastik-)**Tüte**, -n

der **Abfall**, Abfälle

das Haltbarkeitsdatum, -daten

haltbar

die **Verpackung**, -en

(un-)verpackt

containern

die Verschwendung

der **Diebstahl**, -stähle

der **Dieb**, -e

die **Diebin**, -nen

stehlen *(stiehlt, stahl, hat gestohlen)* 

die **Mülltonne**, -n

die **Müllabfuhr**, -en

landen *(Das Essen landet im Müll.)*

sich **eignen** *(zu + Dat.)*

irgend- *(irgendwer, …)*

d. h. *(= das heißt)*

retten

ab|laufen *(läuft ab, lief ab, ist abgelaufen)*

das **Nahrungsmittel**, -

verteilen

komplett

entsorgen

schaden *(+ Dat.)*

der **Schaden**, Schäden

trotzdem

strafbar 

bestrafen

der **Ärger**

das **Gesetz**, -e

der **Politiker**, -

fordern

die **Forderung**, -en

die **Bevölkerung**, -en

ernsthaft

an|schaffen

öfter

die **Limonade**, -n

besorgen

biologisch

entstehen *(entsteht, entstand, ist entstanden)*

vor allem

der **Trend**, -s *(im Trend)*

die **Eröffnung**, -en

die **Nachfrage**, -n

die **Seife**, -n

das **Waschmittel**, -

sämtliche *(= alle)*

die **Methode**, -n

ökologisch

Seite 29

die Initiative, -n

die **Frucht**, Früchte

der **Rat** *(Ich gebe dir einen Rat.)*

das **Gebäck**, -e

Was kann ich?

1 Ich kann etwas oder jemanden näher beschreiben.

→ KB/ÜB A2, A3

✦ Mutter ✦ Vater ✦
✦ Bruder ✦ Schwester ✦
✦ Freund ✦ Freundin ✦
✦ … ✦

Schau mal. Das ist meine Mutter, die in einem Supermarkt arbeitet. Und das ist …

2 Ich kann ein Rezept beschreiben.

→ KB/ÜB A4

Zuerst muss man das Gemüse waschen.

3 Ich kann Aufforderungen und Ratschläge ausdrücken und darauf reagieren.

→ KB/ÜB A7

✦ mehr Gemüse essen ✦ ✦ öfter Sport machen ✦ ✦ mehr lernen ✦ zu Hause mehr helfen ✦ dein Taschengeld sparen ✦ nicht so viel Plastik verbrauchen ✦ … ✦

Finde ich nicht.
Keine Lust.
Ja, stimmt.
Du hast recht.
Na gut.
…

Du solltest wirklich mehr Gemüse essen!

Finde ich nicht.

So lerne und übe ich

4 Ich wiederhole und lerne Wörter mit Bildern.

☐ manchmal ☐ oft ☐ nie

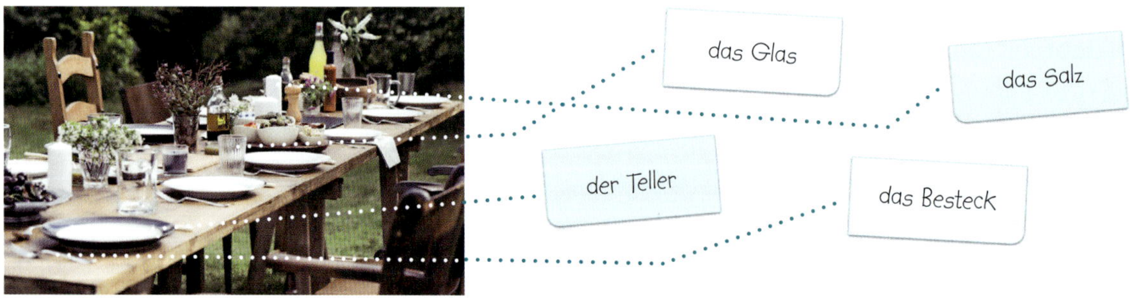

Testtraining 1

Lesen Teil 1

1 **Wie in der Prüfung:**

10 Min.

Lies den Text und die Aufgaben 1 bis 6 dazu. Wähle: Sind die Aussagen Richtig oder Falsch?

AlltagmitAlma.de

Strategie

Lies zuerst die Aufgaben und markiere Schlüsselwörter. Lies danach den Text. Welcher Textabschnitt passt zu welcher Aufgabe? Vergleiche die Aufgaben mit den jeweiligen Textabschnitten und kreuze die richtige Lösung an.

Sonntag, 12. April

Hi Leute,
tut mir wirklich leid, dass ich mich erst heute melde. Das war anders geplant, aber gestern konnte ich nicht schreiben, denn Handy und Laptop waren aus. Warum? Das erzähle ich gleich.
Ich war gestern mit sechs Mädchen aus meiner Klasse verabredet. Jana hatte die Idee. Sie sieht oft Kochvideos und wollte etwas ausprobieren. Janas Eltern haben erlaubt, dass wir alle zu ihr kommen. Um sechs ging's los: Chili kochen, lecker essen, dann gemeinsam spielen und chillen. Zwei Tage vorher hat Jana mit Belinda eine Liste mit den Zutaten geschrieben und wir haben die Sachen aufgeteilt. Jeder hat was mitgebracht. Ich habe Hackfleisch, Joghurt für das Dessert und Apfelsaft gekauft. Zuerst haben wir das Video angesehen. Dann hat Jana die Aufgaben verteilt. Aber nichts hat geklappt. Ständig war jemand am Handy, ein Foto mit den Zutaten für die Story auf Instagram, schnell eine Nachricht beantworten oder lesen, ein Lied hören, ein Video ansehen … Es ging nicht weiter, obwohl die Zubereitung nicht schwierig war. Jana war richtig sauer. Dann haben wir entschieden, die Handys müssen weg, auch wenn das manche zuerst nicht wollten.
Und? Plötzlich haben alle mitgemacht, geschnitten, gebraten, das Dessert vorbereitet, den Tisch gedeckt. Aber ohne Musik ging es trotzdem nicht. Beim Kochen haben wir Radio und später alte Platten von Janas Eltern gehört. Es war gar nicht schlimm ohne Internet und Handy und auch ziemlich lustig. Das Chili war total lecker (hier das Rezept für euch)!!!! Sogar Janas Eltern waren begeistert – vom Essen, von der sauberen Küche und von unserem Offline-Versuch.
Zu Hause habe ich dann kurz aufs Handy geschaut: über 100 Nachrichten! Aber ich habe sie erst heute gelesen – ehrlich. Meinen Eltern und Brüdern habe ich vom Abend ohne Handy erzählt. Das probieren wir bald gemeinsam aus. Ich bin gespannt, wer da zuerst wieder das Handy nimmt. Ich sicher nicht. Ab und zu offline zu sein ist nämlich cool. Versucht es doch auch mal und schreibt mir von euren Erfahrungen. Freue mich auf Kommentare. Bis bald!
Eure Alma

Beispiel

0	Alma entschuldigt sich für die Verspätung ihres Blog-Eintrags.	☒ Richtig	Falsch
1	Sie berichtet von einem Abend bei einer Freundin.	Richtig	Falsch
2	Belinda hat die Zutaten für das Dessert besorgt.	Richtig	Falsch
3	Das Rezept war kompliziert und man musste es oft ansehen.	Richtig	Falsch
4	Die Handys haben beim Kochen gestört.	Richtig	Falsch
5	Nach dem Kochen wollten alle wieder online Musik hören.	Richtig	Falsch
6	Alma will das Experiment auch zu Hause machen.	Richtig	Falsch

Schreiben Teil 1

Der Prüfungsteil *Schreiben 1* ist immer ähnlich. Trainiere vor der Prüfung passende Redemittel. Vorbereitung macht sicher!

2 a Lies die Prüfungsanweisung und die Texte. Welcher passt besser? Warum? Was ist besonders wichtig? Sprecht in der Klasse.

Am Samstag fand an deiner Schule ein Fest der Kulturen statt. Ein Freund / Eine Freundin konnte nicht dabei sein, weil er/sie krank war.

- Beschreibe: Wie war das Fest?
- Begründe: Was hat dir besonders gut gefallen?
- Mache einen Vorschlag für ein Treffen.

Schreibe eine E-Mail (circa 80 Wörter). Schreibe etwas zu allen drei Punkten. Achte auf den Textaufbau (Anrede, Einleitung, Reihenfolge der Inhaltspunkte, Schluss).

A

Hi Wanda,
wie geht's? Wollen wir uns mal wieder treffen? Hast du Lust und eine Idee? Schreib mir doch und schlag was vor. Gestern hatten wir unser Fest der Kulturen. Es gab ein Quiz, Musik, Spiele und ein internationales Buffet. Es hat viel Spaß gemacht und war total interessant. Ich hoffe, du bist bald wieder gesund.
Daniel

B

Hallo Wanda,
gestern war in der Schule unser Fest der Kulturen. Alles war toll: die Musik, die Spiele, das Quiz. Aber das internationale Buffet hat mir am besten gefallen, weil man so viele Sachen probieren und etwas über die Gerichte und Länder erfahren konnte. Schade, dass du nicht kommen konntest. Ich hoffe, du bist bald wieder fit. Wollen wir vielleicht am Samstag ins Kino gehen? Schreib mir doch, wenn du Zeit hast.
Gute Besserung und viele Grüße
Maja

20 Min. **b Jetzt wie in der Prüfung:**

Letzte Woche fand an deiner Schule eine Projektwoche zum Thema „Konsum und Umwelt" statt. Du möchtest einem Freund / einer Freundin von deinen Erfahrungen erzählen.

- Beschreibe: Wie war die Woche?
- Begründe: Welches Projekt hat dir besonders gut gefallen?
- Mache einen Vorschlag für ein Treffen.

Schreibe eine E-Mail (circa 80 Wörter). Schreibe etwas zu allen drei Punkten. Achte auf den Textaufbau (Anrede, Einleitung, Reihenfolge der Inhaltspunkte, Schluss).

Lesen Teil 3

Strategie

Es passen oft mindestens zwei Anzeigen zu den Schlüsselwörtern der Aufgaben. Lies diese genau, achte auf alle Details. Entscheide erst dann. Streiche die Anzeigen durch, die du nicht mehr verwenden kannst.

3 Wie in der Prüfung:

10 Min.

Lies die Situationen 1 bis 7 und die Anzeigen A bis J aus verschiedenen deutschsprachigen Medien. Wähle: Welche Anzeige passt zu welcher Situation? Du kannst **jede Anzeige nur einmal** verwenden. Die Anzeige aus dem Beispiel kannst du nicht mehr verwenden. Für eine Situation gibt es **keine passende Anzeige**. In diesem Fall schreibe **0**.

Jugendliche suchen passende Angebote zum Thema Computerspiele.

Beispiel

0 Emre spielt gern, möchte neue Spiele haben, aber nicht viel ausgeben. Anzeige c

1 Valentin kommt bei einem Spiel nicht weiter und braucht Hilfe. Anzeige ___
2 Lukas ist Spiele-Fan und will lernen, wie man selbst Computerspiele macht. Anzeige ___
3 Katharina möchte ihre Computerspiele mit anderen tauschen. Anzeige ___
4 Jenny sucht Informationen über die Geschichte von Computerspielen. Anzeige ___
5 Aaron möchte gern öfter mit anderen gemeinsam spielen. Anzeige ___
6 Levin ist in verschiedenen Spielen super und will an einem Turnier teilnehmen. Anzeige ___
7 Thomas möchte neue Spiele kennenlernen und ausprobieren. Anzeige ___

1

a

Spiele-Projekt – Stadtbibliothek Fürth macht mit!

Bibliotheken in ganz Deutschland sind beim Jugendmedienpreis dabei. Auch bei uns kannst du in den nächsten vier Wochen aktuelle Computerspiele testen. Sag deine Meinung und entdecke vielleicht dein neues Lieblingsspiel.
Die zehn beliebtesten Spiele der deutschen Jugendlichen gewinnen!

b

Komm und sei dabei!

Jeden ersten Freitag im Monat Computerspiele-Party im Haus der Jugend. Du kannst Leute treffen, Spaß haben, besser werden und unsere PCs und Konsolen nutzen. Spielespaß pur von 18–24 Uhr!
Haus der Jugend, Emil-Abderhalden-Str. 9a, 06108 Halle – www.hdjinHalle.online

c

Gut und gar nicht teuer!

Verkaufe Spielesammlung für Wii, Nintendo Switch und Xbox. Insgesamt 20 Spiele.
Verkaufe auch einzelne Spiele. Alles in gutem Zustand.
Preis: 5 bis 10 € pro Spiel.
Interesse? Melde dich bei Linus: 0160/56 42 234

d

Lernst du noch oder spielst du schon?

Du möchtest bei deinem Lieblingsspiel endlich gewinnen? Ich bin Trainer mit viel Erfahrung im Spiel und auf Turnieren. Für nur 5 Euro pro Stunde bereite ich dich auf schwierige Turniere vor und zeige dir viele Tricks.
Schreib mir: Jakob.B@gmx.net

Computerspiele in der Schule? Na klar!

In der AG arbeiten wir Schritt für Schritt, üben mit einer speziellen Software. Du planst und probierst und entwickelst dein eigenes kleines Spiel, das am Ende des Schuljahres im Netz steht. Die AG ergänzt das Fach Informatik. Es gibt 20 Plätze.
Interesse? Anmeldung bei Herrn Köb

e

f

Von der 4-Farben-Grafik zum Online-Abenteuer

Prof. Dr. D. Schachinger lädt ein zu einer spannenden Zeitreise – von den Anfängen der PC-Spiele, über die Klassiker bis hin zu aktuellen Entwicklungen und Möglichkeiten.
Wann? Montag, 17.4. 18:00 Uhr
Wo? Stadtbibliothek Ost
Mehr erfahren? www.stadt-oldenburg.org

g

Spiele-Fans aufgepasst!

Ich bin Marvin aus Frankfurt und möchte gern nette Leute kennenlernen, die mein Hobby – Computerspiele – teilen: Erfahrungen, Tipps und Tricks tauschen, …
Schreibt mir doch!
KlickerM@EMail.de

Spielespaß XXL!!!

Biete Xbox One (500GB) Spielkonsole, ein Jahr alt, in top Zustand, funktioniert ohne Probleme, in Original-Verpackung. Spiele sind leider nicht dabei.
160 Euro, über den Preis können wir reden.
v.kaufmann@gmail.com

h

i

Themenabend: Computerspiele

Von der Idee zum Game – Du wolltest schon immer wissen, wie das funktioniert? Fritz Falkner weiß es, Computerspiele sind sein Job. Im Vortrag erklärt er, wie Spiele entstehen, was ein gutes Spiel braucht u. v. m. Natürlich ist auch Zeit für Fragen! Komm vorbei!
15.8., 18:00 Uhr, Jugendzentrum am Steg

j

Mainz – eine Stadt spielt

Vom 12.6. bis 14.6. dreht sich bei den Citygames in der Stadthalle alles ums Spielen: Fortnite, League of Legends, FIFA und vieles mehr.
Dich erwarten: spannende Wettkämpfe, tolle Preise, ein begeistertes Publikum
Anmeldung: direkt vor Ort
Fragen? buero@citygamesMainz.com

Hören Teil 1

In *Hören Teil 1* hört ihr immer verschiedene Durchsagen/Ansagen/Nachrichten.

4 a **Um welche Themen kann es bei Durchsagen/Ansagen/Nachrichten in diesen Situationen gehen? Sammelt in der Klasse.**

✦ am Bahnhof ✦ im Supermarkt ✦ im Schwimmbad ✦ im Radio ✦ in der Schule ✦
✦ auf dem Anrufbeantworter ✦ am Flughafen ✦

1.11 b **Jetzt wie in der Prüfung:**

Strategie

Achte bei jeder Durchsage/Nachricht auf den Einleitungssatz: Er beschreibt die Situation. Konzentriere dich beim ersten Hören auf die erste Aufgabe, die allgemeine Aussage zum Text. Achte beim zweiten Hören auf die Details und löse die zweite Aufgabe.

Du hörst nun fünf kurze Texte. Du hörst jeden Text **zweimal**. Zu jedem Text löst du zwei Aufgaben. Wähle bei jeder Aufgabe die richtige Lösung.
Lies zuerst das Beispiel. Dazu hast du 10 Sekunden Zeit.

Beispiel

01 Frau Geiger informiert über eine Feier. ☒ Richtig ☐ *Falsch*

02 Die Schüler und Schülerinnen
- ☒ a vom Schulchor proben an einem anderen Termin.
- ☐ b aus der Gruppe „Tisch und Stuhl" sollen sich in Listen eintragen.
- ☐ c von Herrn Lehmann bereiten am Freitag verschiedene Gerichte vor.

Text 1

1 Janne will mit dir zusammen etwas backen. ☐ Richtig ☐ *Falsch*

2 Janne sagt, dass sie
- ☐ a pünktlich kommt.
- ☐ b einige Zutaten kauft.
- ☐ c morgen ihrer Mutter hilft.

Text 2

3 Du hörst das Wetter für zwei Wochen. ☐ Richtig ☐ *Falsch*

4 Ab Mitte dieser Woche …
- ☐ a wird es heiß.
- ☐ b regnet es.
- ☐ c gibt es viele Wolken.

Achtung! Alle Alternativen kommen im Hörtext vor, aber nicht alle sind richtig.

Text 3

5 Herr Schröter spricht über Ideen für mehr Umweltschutz an der Schule. ☐ Richtig ☐ *Falsch*

6 Ab sofort kann man
- ☐ a Projekte vorschlagen.
- ☐ b sich anmelden.
- ☐ c das Geld bezahlen.

Text 4

7 Im Saale-Center kann man heute Beauty-Tipps bekommen. ☐ Richtig ☐ *Falsch*

8 Man …
- ☐ a findet im Erdgeschoss einen Friseur.
- ☐ b kann an einem Ratespiel teilnehmen.
- ☐ c bekommt in der Drogerie heute alles billiger.

Text 5

9 Im Radio folgt eine Informationssendung. ☐ Richtig ☐ *Falsch*

10 Bei „Nachgefragt" …
- ☐ a kann man ein Interview hören.
- ☐ b soll man im Chat seine Meinung schreiben.
- ☐ c darf man sich Lieder wünschen.

(Nicht) gut drauf? 4

1 a Sieh die Fotos an. Wie fühlen sich die Personen? Suche die Adjektive in der Wortschlange und notiere.

online 1

emaglücklicherndastolztriewütendunzugenervtindeotraurigallunglüberraschtüb

1 

___

2 

___

3 

___

4 

___

5 

___

6 

___

b Was sagen die Personen? Ordne zu.

A Ich bin so nervös.
B Ich bin so erleichtert, puh!
C Ich bin total überrascht.
D Ich bin in Zoe verliebt.
E Ich bin total stolz!
F Ich bin echt enttäuscht.

1. Mira hat ihre Schlüssel endlich gefunden. Sie hat sehr lange gesucht. ___
2. Felix redet in den Pausen nur noch mit einem Mädchen aus der 10b. ___
3. Hannes hat im Chemie-Test nur eine Drei, obwohl er viel gelernt hat. ___
4. Niko macht heute Nachmittag seine Führerscheinprüfung für das Mofa. ___
5. Soraya hat drei Tore geschossen, deshalb hat ihr Team gewonnen! ___
6. Lena hat gerade gehört, dass sie heute einen Mathetest schreibt. ___

c Deine Gefühle – Wähle vier Adjektive aus 1a/b und schreib Sätze in dein Heft.

Ich bin immer nervös, wenn …
Ich war gestern …, weil …

2 a Bilde Komposita zum Thema „Glück“. Schreib die Wörter mit Artikel.

Tag · Spiel · Zahl · Kind · Moment · Keks · Gefühl

GLÜCKS-

der Glückstag, ...

____

b Wähle vier Komposita aus 2a und schreib je einen Satz.

Heute ist mein Glückstag, weil ...

c *miteinander, voneinander, ...* – Was passt? Ergänze die Lücken.

✦ füreinander ✦ miteinander ✦ aufeinander ✦ zueinander ✦ voneinander ✦ aufeinander ✦

1. ● Mira kann heute nicht kommen.
   ○ Warum denn? Wir haben uns so ______________ gefreut.
2. ● Wann kommt Papa nach Hause?
   ○ Keine Ahnung, Mama. Sprecht ihr nicht ______________ ?
3. ● Sind Jonas und Bille verliebt?
   ○ So ein Quatsch! Die passen doch gar nicht ______________ .
4. ● Wie findest du deinen Bruder?
   ○ Er ist mein bester Freund und wir sind immer ______________ da.
5. ● Du hast tolle Freunde.
   ○ Ja, wir können uns immer ______________ verlassen.
6. ● Hast du noch Kontakt mit Jan?
   ○ Wenig, wir haben schon lange nichts mehr ______________ gehört.

1.12 online 2

d Hör die Umfrage zum Thema „Glück“. Wer sagt was? Kreuze an.

	Alina	Zayn	Frieda	
1.	☐	☐	☐	... sagt, dass man oft gar nicht versteht, dass man gerade Glück hat.
2.	☐	☐	☐	... glaubt, dass man glücklich ist, wenn man gesund ist.
3.	☐	☐	☐	... findet, dass verschiedene Dinge glücklich machen.
4.	☐	☐	☐	... ist der Meinung, dass man glücklich ist, wenn man Erfolg hat.
5.	☐	☐	☐	... denkt, dass Glück manchmal mit Zufall zu tun hat.
6.	☐	☐	☐	... ist der Ansicht, dass freie Zeit und wenig Sorgen Glück sein können.

e **Wann warst du glücklich? Schreib einen kurzen Kommentar für die Radiosendung.**

Am Wochenende ...

3

a **Immer dasselbe ... – Mit oder ohne *n*? Ergänze ein *n*, wo nötig.**

Bei mir passiert nicht viel, ich mache immer dieselbe____ (1) Sachen. An Schultagen stehe ich immer um dieselbe____ (2) Uhrzeit auf. Ich frühstücke immer dasselbe____ (3) Müsli und fahre immer mit demselbe____ (4) Bus zur Schule. Da treffe ich immer dieselbe____ (5) Leute. Wir sprechen vor der Schule und in den Pausen meistens über dieselbe____ (6) Themen. Wir hören dieselbe____ (7) Musik und haben oft dasselbe____ (8) Hobby. Meine Freunde und ich gehen in dieselbe____ (9) Klasse und haben natürlich auch denselbe____ (10) Klassenlehrer. Am Nachmittag trainieren wir an zwei Tagen in demselbe____ (11) Fußballclub und sonst treffen wir uns immer zu derselbe____ (12) Zeit im Park. Alles immer dasselbe____ (13). Aber ich finde es trotzdem schön!

online 3

b **Welches Wort passt? Markiere.**

1. ● Wollen wir heute wieder ins Eiscafé gehen?
   ○ Immer in dasselbe / demselben Café zu sitzen finde ich langweilig.
2. ● Ich habe gestern im Fernsehen eine neue Quiz-Show gesehen.
   ○ Ach ja, dieselbe / derselben habe ich auch gesehen. Die war echt gut.
3. ● Hast du dieselbe / derselben Jacke wie Julian?
   ○ Nein, seine ist doch blau.
4. ● Haben wir heute wieder in denselben / demselben Raum Mathe wie gestern?
   ○ Ja, im ersten Stock.
5. ● Fährst du mit dieselbe / derselben Bahn wie ich?
   ○ Nein, ich nehme den Bus.

4

a **Was passt zu den Situationen? Ordne zu.**

A

B

C

D

E

____ Leise sein, bitte!

____ Aufpassen!

____ Langsam fahren!

____ Nicht füttern!

____ Aufhören!

b **Vergleicht eure Lösungen. Schreibt und spielt zu zweit oder dritt drei Mini-Dialoge.**

5 **a** **Sieh das Bild an und ergänze den Dialog. Hör zur Kontrolle.** oder **Hör zuerst den Dialog und ergänze dann.**

1.13

online 4

✦ Wasser auf mein Bild geschüttet! ✦ Tut mir echt leid. ✦ Schau doch mal! ✦ Na und? ✦ Chill mal. ✦
✦ Das kann sein, ✦ nicht aufpassen? ✦ das war nicht mit Absicht. ✦

● Lars! Kannst du ______________ (1)

○ ______________ (2)

Ich habe gar nichts gemacht!

● Du hast ______________

______________ (3)

○ ______________ (4)

Ist doch nicht so schlimm.

● Das Papier ist total nass! ______________

______________ (5)

○ Sorry, ______________ (6)

● ______________ (7)

aber jetzt muss ich alles neu malen!

○ ______________ (8)

Ich frage Herrn Steiner. Vielleicht kann er helfen.

● Wie denn?

b **Spielt den Dialog zu zweit mit viel Emotion.**

DSD 1 **c** **Wer hat die E-Mail geschrieben? Lies die Zusammenfassungen 1–4 und die E-Mails (A–H). Schreib den richtigen Buchstaben (A–H) in die rechte Spalte. Du kannst jeden Buchstaben nur einmal wählen. Vier Buchstaben bleiben übrig.**

0	Amelie möchte ihrer Freundin heute etwas mitbringen.	Z
1	Martin lädt seine Freunde zu einer Party ein.	
2	Wiebke möchte am Wochenende nicht zu Hause bleiben.	
3	Ronja möchte mit ihrer Freundin etwas nur zu zweit machen.	
4	Jan braucht Rat und will seinen Freund besuchen.	

Markiere zuerst die wichtigen Informationen in den Sätzen 1–4. Suche dann die Informationen in den E-Mails.

Tipp!

Z	Lieb …, ich wollte nur noch mal sagen, dass mir der Streit heute leidtut. Alles war meine Schuld. Können wir uns wieder vertragen? Kann ich dich später besuchen? Ich bringe dein Lieblingseis mit. Hast du Zeit?
A	Hallo, eine Mitschülerin hat mein Handy kaputt gemacht. Kann ich kommen und dir das Handy zeigen? Ich möchte wissen, ob man es reparieren kann. Oder muss ich vielleicht ein neues Handy kaufen?
B	Hallo, wie findest du den neuen Schüler aus der 11c? Ich finde ihn cool. Leider weiß ich gar nicht, wie er heißt. Ich möchte gerne mal mit ihm sprechen, aber ich traue mich nicht. Was soll ich tun? Ruf mich an.
C	Hey, warum ich sauer auf dich bin? Ganz einfach! Seit drei Wochen ist Ellen in unserer Klasse und du hast keine Zeit mehr für mich. Ich möchte gern mal wieder mit dir schwimmen gehen oder so. Aber ohne Ellen!

D	Lieb …, dieser blonde Junge mit dem Piercing aus der 11d will in der Mittagspause immer an meinem Tisch in der Mensa sitzen. Und er schaut mich ständig an. Meinst du, er ist in mich verliebt? Ich bin total genervt. Was soll ich machen?
E	Hey, ich darf auch den Mofa-Führerschein machen! Cool, was? Bei welcher Fahrschule hast du den Führerschein gemacht? Wie teuer war das? Schreib mir schnell zurück!
F	Lieb …, meine Eltern wollen, dass ich Samstag und Sonntag lerne. Deshalb darf ich nicht mit euch am See campen. Bin so wütend! Was kann ich ihnen sagen, damit ich mitkommen darf? Hast du Ideen? Ruf mich an!
G	Hallo, ich habe mich heute mit meinen Eltern gestritten, weil sie am Wochenende zu Tante Maria fahren wollen. Das war echt schlimm. Ich muss dir von dem Streit erzählen. Kannst du heute Abend zu mir kommen?
H	Hallo ihr alle, ich bin so stolz! Ich habe den Mofa-Führerschein geschafft! Das (und meinen Geburtstag) will ich mit euch am Samstag bei mir zu Hause in der Kollerstraße 43 ab 18 Uhr feiern. Schreibt mir bis Freitag, ob ihr kommt.

6 Hör das Gespräch und lies die Sätze. Welche Sätze sind richtig? Kreuze an.

1.14

1. ☐ Sophie ruft Clara an, weil Clara ihr geschrieben hat.
2. ☐ Clara und Paula waren ein paar Stunden allein zu Hause.
3. ☐ Paula hat den Eltern erzählt, dass Clara nicht gelernt hat.
4. ☐ Die Eltern waren sauer und Paula muss am Sonntag zu Hause bleiben.
5. ☐ Paula wollte Clara die Kleider zurückgeben und hat sie in Claras Zimmer geworfen.
6. ☐ Sophie hat eine Idee, warum Paula besonders gemein war.
7. ☐ Clara will mit ihren Eltern über den Streit mit ihrer Schwester reden.

7 a Sag mal … Wer spricht freundlich, wer spricht unfreundlich? – Hör und kreuze an.

1.15

	Clara	Florian
Dialog 1	☺ ☹	☺ ☹
Dialog 2	☺ ☹	☺ ☹
Dialog 3	☺ ☹	☺ ☹

b Hört die Dialoge noch einmal. Spielt dann die Dialoge zu zweit mit viel Emotion.

1.15

1. ● Kannst du nicht aufpassen?
   ○ Oh, das tut mir leid. Aber das war nicht mit Absicht.
2. ● Sag mal, spinnst du?
   ○ Schrei mich nicht so an. Was soll das?
3. ● Entschuldige, das habe ich nicht so gemeint.
   ○ Ja, tut mir auch leid, dass ich so gemotzt habe.

8 a So können Freunde sein – Ergänze die letzte Silbe bei den Adjektiven.

✦ -rant ✦ ~~-lich~~ ✦ -tiv ✦ -tig ✦ -lich ✦ -reit ✦ -gent ✦ -sant ✦ -tig ✦ -mal ✦ -ßig ✦ -lich ✦

1. freund lich
2. lus________
3. tole________
4. interes________
5. flei________
6. posi________
7. hilfsbe________
8. ehr________
9. intelli________
10. nor________
11. höf________
12. eifersüch________

b Tipps für Florian – Was passt zusammen? Verbinde.

1. Florian sollte
2. Florian muss auch
3. Florian könnte sich
4. Es ist eine gute Idee,
5. Wenn Ole sein Freund bleiben soll,
6. Florian darf in Zukunft nicht

A wenn Florian Ole besser zuhört.
B Ole helfen.
C dann sollte Florian mehr tun.
D nur an sich denken.
E öfter mit Ole verabreden.
F Ole verstehen.

9 a *Als* oder *wenn*? – Lies das Gedicht und ergänze.

Frag Jule

________ (1) ich sieben war, kam ich zur Schule
und traf ein Mädchen, das hieß Jule.
Immer ________ (2) ich Jule sah,
fand ich sie ganz wunderbar.
________ (3) ich Jule etwas fragte,
hat sie immer nachgedacht und sagte:
„Also, pass auf, das ist nicht schwer …"
Ihre Antwort mochte ich sehr.
Jeden Tag dasselbe Spiel,
weil mir ihre Antwort so gefiel.
Immer ________ (4) wir Hausaufgaben machten,
hatten wir viel Spaß und lachten.
Doch ________ (5) das Jahr zu Ende war,
da sagte Jule laut und klar:
„Wir ziehen nächsten Monat weg."
Das war für mich ein großer Schreck.
________ (6) ich wieder in der Klasse saß,
war es zu Ende mit dem Spaß.
Immer ________ (7) ich an Jule dachte,
stellte ich mir vor, was sie wohl machte.
________ (8) ich sie später fast vergaß
und einmal beim Abendessen saß,
stand auf dem Tisch für mich ´ne Karte,
Jule schrieb: „Los, frag! Ich warte!"

b Vergleicht eure Lösungen zu zweit und lest zusammen das Gedicht laut.

online 5

c Damals in der ersten Klasse – Ergänze die Sätze. Es gibt manchmal mehrere Möglichkeiten.

✦ meine Eltern fragen ✦ nicht rechnen können ✦ viele neue Freunde haben ✦ sehr stolz sein ✦
✦ meine Eltern mich abholen ✦ Angst haben ✦

1. Als ich in die Schule kam, ______________________
2. Wenn die Schule zu Ende war, ______________________
3. Als ich meine erste Schultasche bekommen habe, ______________________
4. ______________________, wenn ich etwas nicht wusste.
5. ______________________, als ich schwimmen lernen musste.
6. Als ein Monat vorbei war, ______________________

10

Lernen – üben – spielen: schnelle Sätze. Arbeitet zu zweit. A sagt einen Satz, was er/sie in dem Alter erlebt hat. B dreht den Satz wie im Beispiel um. Dann sagt B einen Satz. Welches Paar ist zuerst fertig?

3 5 7 9 11 13

Als ich drei war, habe ich eine Schwester bekommen.

Du hast eine Schwester bekommen, als du drei warst.

Perfekt

Suche zehn Partizipien im Rätsel und notiere die Infinitive dazu. Schreib dann Lernkarten wie im Beispiel.

N	Ä	S	G	E	H	O	L	F	E	N	T	M	L
K	U	N	T	E	R	G	E	W	O	R	F	E	N
B	E	K	O	M	M	E	N	E	Ö	L	Ö	V	V
B	E	R	A	F	E	N	G	Ö	W	A	Y	G	L
Ä	S	T	A	T	T	G	E	F	U	N	D	E	N
A	P	U	C	G	G	A	S	O	D	G	O	S	N
Z	M	C	P	E	E	N	C	Ä	B	E	J	T	N
I	D	H	B	T	D	G	H	P	G	S	E	R	J
U	R	X	Q	R	A	E	W	G	N	C	R	I	U
R	V	P	L	O	C	B	O	E	K	H	U	T	A
Ä	W	S	E	F	H	O	M	J	W	R	J	T	Ö
L	G	A	J	F	T	T	M	F	Ö	I	Q	E	C
S	Y	B	P	E	Q	E	E	B	U	E	L	N	D
K	A	K	I	N	G	N	N	Ä	P	N	V	E	Y

geschwommen schwimmen
____
____
____
____
____
____
____
____
____

schwimmen
er schwimmt
er schwamm
er ist geschwommen

Wichtige Wörter

Seite 37

(nicht) gut drauf sein

der **Konflikt**, -e

der **Eindruck**, -drücke

wütend

erleichtert

stolz

ängstlich

überraschen *(Du überraschst mich. / Ich bin überrascht.)*

die **Überraschung**, -en *(die Überraschungsparty)*

der (Mofa-) **Führerschein**, -e

der Kletterpark, -s

das **Tor**, -e

schießen *(schießt, schoss, hat geschossen)*

aus|machen *(den Computer ausmachen)*

Herzlichen Glückwunsch!

enttäuschen *(Du enttäuschst mich. / Ich bin enttäuscht.)*

Seite 38

die **Laune**, -n

der **Nerv**, -en *(auf die Nerven gehen)*

die **Beziehung**, -en

musikalisch

extrem *(Ich war extrem nervös.)*

derselbe, dasselbe, dieselbe, dieselben

prima

die **Urkunde**, -n

unglaublich *(1. Platz! Unglaublich.)*

die **Kindheit**

umgekehrt

genauso *(Es geht mir genauso.)*

missverstehen *(missversteht, missverstand, hat missverstanden)*

miteinander *(Wir sprechen häufig miteinander.)*

das **Geheimnis**, -se

der **Humor**

sich **verlassen** *(auf + Akk.) (verlässt, verließ, hat verlassen)*

einzig-

die **Sorge**, -n *(Meine einzige Sorge ist …)*

kürzlich

ewig *(Ich habe ewig gespart.)*

violett

quer *(Ich fahre quer durch die Stadt.)*

voneinander *(Wir haben lange nichts voneinander gehört.)*

sich **verlieben** *(in + Akk.)*

einsam

der **Anruf**, -e

die **Unterhaltung**, -en

fest|stellen

sich **irren**

der Idiot, -en
die Idiotin, -nen

die **Umfrage**, -n

Seite 39

die **Diskussion**, -en

los *(Was ist los?)*

das (Sport-)**Camp**, -s

die **Schwierigkeit**, -en

das (Ferien-)**Lager**, -

verwenden

beachten *(Bitte beachten!)*

die **Aufforderung**, -en

lächeln (☺)

Seite 40

die **Absicht**, -en

spinnen *(Spinnst du?)*

runter|werfen *(wirft runter, warf runter, hat runtergeworfen)*

(an|-)schreien *(schreit (an), schrie (an), hat (an-)geschrien)*

motzen

die **Rolle**, -n

zerreißen *(zerreißt, zerriss, hat zerrissen)*

der **Vorwurf**, -würfe

reagieren

ein|lenken

schuld *(Du bist schuld!)*

die **Schuld**

sich **beruhigen**

übertreiben *(übertreibt, übertrieb, hat übertrieben)*

die **Verzeihung** *(Verzeihung!)*

Seite 41

Norwegen

überhaupt

behandeln

die Ausrede, -n

gemein *(Sie ist gemein zu mir.)*

ob *(Frag doch, ob du kommen darfst.)*

verletzen

neulich

heimlich

hassen

die **Art** *(Ich hasse ihre gemeine Art!)*

wahnsinnig *(Wir haben uns wahnsinnig gestritten.)*

beleidigen

das **Ende**, -n *(am Ende)*

verzeihen *(+ Dat.) (verzeiht, verzieh, hat verziehen)*

vertrauen *(+ Dat.)*

das **Gewissen**

erlaubt

möglicherweise

eifersüchtig

so viel Zeit

merkwürdig

Seite 42

sich **verabreden** *(mit + Dat.: Er hat sich verabredet. / Er ist mit Camilla verabredet.)*

vor|schlagen *(schlägt vor, schlug vor, hat vorgeschlagen)*

bereit *(Er ist bereit, sich zu treffen.)*

zu|sagen

Seite 43

als *(Als er nach Hause kam, …)*

nach Hause

tauchen

sich **verhalten** *(verhält, verhielt, hat verhalten) (Du hast dich so blöd verhalten!)*

der Ratgeber, -

Was kann ich?

1 Ich kann über Gefühle und Emotionen sprechen.

→ KB/ÜB A1

☺ 😐 ☹

Ich bin glücklich, weil …

Ich bin richtig wütend, wenn …

Wenn ich eine Prüfung habe, …

2 Ich kann Aufforderungen formulieren.

→ KB/ÜB A4

☺ 😐 ☹

Leise …, bitte!

Hier bitte …

…

…

3 Ich kann ein Streitgespräch führen.

→ KB/ÜB A5

☺ 😐 ☹

1 …

2 Schrei mich nicht so an. Was soll das?

3 Du hast meinen Saft ausgeschüttet. Den wollte ich noch trinken!

4 …

4 Ich kann sagen, was früher immer wieder passiert ist und was einmal passiert ist.

→ KB/ÜB A9

☺ 😐 ☹

Wenn ich früh aus der Schule kam, ______________________________

Als ich 10 Jahre alt war, ______________________________

______________________________, habe ich mich schnell entschuldigt.

So lerne und übe ich

5 Ich lerne mit Dialogen. Ich höre und spreche mit viel Emotion nach.

☐ manchmal ☐ oft ☐ nie

1.16

- ● Sag mal, spinnst du? ICH wollte hier sitzen!
- ○ Chill mal. Du kannst dich doch auch dort hinsetzen.
- ● Setz du dich doch dort hin. Ich war zuerst hier.
- ○ Dort kann ich aber nicht gut sehen. Ich habe meine Brille vergessen. Bitte! Morgen kannst du hier sitzen. Versprochen.
- ● Na gut. Aber vergiss die Brille morgen nicht!
- ○ Danke, das ist echt nett von dir.

Auf Reisen 5

1 a Unterwegs – Wo ist das? Ergänze.

A

am ______________________

Dialog ____

B

auf dem ______________________

Dialog ____

C

am ______________________

Dialog ____

D

auf dem ______________________

Dialog ____

E

in der ______________________

Dialog ____

F

auf der ______________________

Dialog ____

1.17 **b Sieh noch einmal die Bilder in 1a an und hör die Dialoge. Ordne zu.**

2 Durchsagen – Was passt zusammen? Ordne zu.

online 1

1. ____ Achtung! Reisende an Gleis 12:
2. ____ Wir beginnen jetzt mit der Landung.
3. ____ Liebe Kunden! Heute haben wir viele Sonderangebote bei Sportartikeln für Sie:
4. ____ Die Haltestelle Bachmannstraße ist wegen einer Baustelle gesperrt:
5. ____ A9 Nürnberg Richtung München, zwischen Hilpoltstein und Greding kommt Ihnen ein Falschfahrer entgegen:
6. ____ Die Lifte am Ausgang Schlossplatz funktionieren im Moment nicht.
7. ____ Auf der A8 Stuttgart Richtung München gibt es bei Esslingen zehn Kilometer Stau nach einem Unfall:

A Schalten Sie bitte den Flugmodus an Ihren Geräten ein und schnallen Sie sich an.

B Fahrgäste mit diesem Ziel steigen bitte am Emil-Abderhalden-Platz aus.

C Benutzen Sie bitte die Aufzüge an den anderen Ausgängen.

D Bitte fahren Sie ganz rechts und überholen Sie nicht. Wir melden, wenn die Gefahr vorbei ist.

E Kommen Sie im ersten Obergeschoss vorbei.

F Bitte nutzen Sie die Umleitung über die Bundesstraße.

G Der ICE 409 aus Berlin fährt jetzt ein.

3 a Mia und Florian haben sich verlaufen – Ergänze die Geschichte. oder Hör die Geschichte in Aufgabe 3b aus dem Kursbuch noch einmal und ergänze dann.

1.18

✦ Bus ✦ Haltestelle ✦ suchen ✦ Baustelle ✦ falsch ✦ leer ✦ treffen ✦ aufladen ✦ Panne ✦ Nachricht ✦ ✦ Feriencamp ✦ Straße ✦ Weg ✦ aussteigen ✦ Handy ✦

Mia und Florian wollten sich mit Paula am Stadttheater ____________________ (1). Sie sind mit dem _______________ (2) in die Stadt gefahren, aber an der ____________________ (3) war eine ____________________ (4). Deshalb mussten sie an einer anderen Haltestelle ____________________ (5). Der Akku von Mias Handy war _______________ (6) und Florian hat sein _______________ (7) vergessen. Deshalb konnten sie den _______________ (8) nicht selbst ____________________ (9) und haben einen Mann auf der ____________________ (10) gefragt. Leider sind sie dann trotzdem _______________ (11) gegangen. In einem Café konnten sie Mias Handy ____________________ (12) und haben die ____________________ (13) von Paula gelesen. Sie hatte eine _______________ (14) mit dem Fahrrad und ist zum ____________________ (15) zurückgelaufen.

DSD 1

b Lies den Text und die Aufgaben (1–5). Kreuze bei jeder Aufgabe an: richtig oder falsch?

Entschuldigung, wo ist hier in der Nähe ...?

Das hört man heute nur noch selten. Die Smartphone-App führt uns den kürzesten Weg von A nach B, sagt an, wie man gehen muss.
Aber was, wenn der Akku leer ist, das Smartphone zu Hause liegt oder man keinen Empfang hat? Jugendliche, aber auch viele Erwachsene verlaufen sich in solchen Situationen, denn die Technik macht faul, sagt Sven Stengert vom Deutschen Alpenverein (DAV).
Auch in Zeiten von *google maps* ist es nötig, Landkarten genau zu lesen oder sich durch das Merken von bestimmten Punkten am Weg sicher in fremden Städten oder Landschaften zu bewegen. Deshalb bietet der Verein Kurse an, in denen man das richtig lernt.
Natürlich arbeiten die Trainer nicht nur mit Karten aus Papier. Thema ist auch, wie man bestimmte Apps und Navigationssysteme richtig verwendet. Viele Schulklassen buchen solche Workshops für den Geografieunterricht. Die Jugendlichen heute wissen meist nicht viel über das Kartenlesen und sind überrascht, was man alles beachten muss.
Stengert empfiehlt Eltern deshalb, dass sie mit ihren Kindern im Alltag aktiv Wege suchen. Schon im Alter von vier bis sechs Jahren sollten Kinder nicht nur mitlaufen. Sie können unterwegs mitmachen, sich die Umgebung anschauen, sich Straßennamen und Punkte merken oder beim Wandern mit den Eltern auch mal allein auf die Karte schauen. So lernen sie im Spiel und verlaufen sich später auch ohne Smartphone nicht.

Lies den Text und dann die Aufgaben. Markiere wichtige Wörter, suche die Textstellen und lies dort genau.

	richtig	falsch
1. Mit Apps kann man einfach Orte suchen und erreichen.	☐	☐
2. Erwachsene können sich gut ohne Smartphone orientieren.	☐	☐
3. Heute sucht man Wege nur noch mit technischen Geräten.	☐	☐
4. In den Kursen verwenden die Jugendlichen Landkarten und technische Geräte.	☐	☐
5. Kinder sollten mit den Eltern früh üben, wie man Wege findet.	☐	☐

4 a Was passt? Verbinde.

1 

2 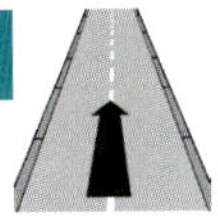

3 

4 

A gegenüber der Kirche

B um das Haus herum

C um die Ecke

D die Straße entlang

b Akkusativ oder Dativ? Was passt? Kreuze an.

1. Du musst nur diese Straße überqueren, das Kino ist gleich dort, gegenüber ☐ dem ☐ den Park.
2. Geh hier um ☐ die ☐ der Ecke in ☐ die ☐ der Damaschke-Straße.
3. Geh nur einmal um ☐ das ☐ dem Museum herum. Dort ist der Markt.
4. Geh immer ☐ den ☐ dem Fluss entlang bis zur nächsten Brücke.
5. Das Burger-Restaurant befindet sich direkt gegenüber ☐ die ☐ der Jacobi-Kirche.

online 2

c Einen Weg mit dem Handy suchen – Sieh den Plan an und ordne die Wegbeschreibung.

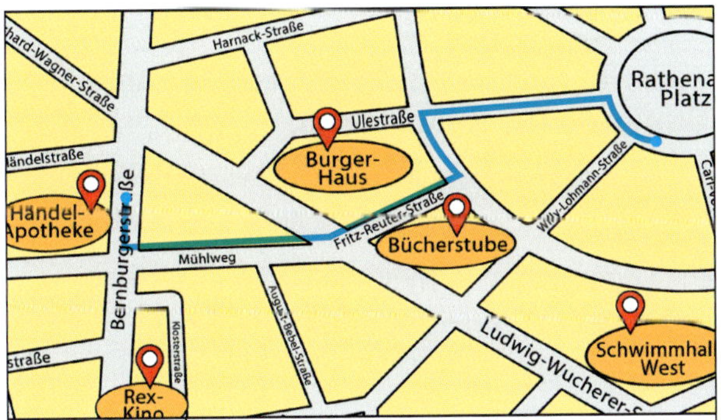

Start **Ziel**		Händel-Apotheke Rathenau-Platz 6
↑		Dann gehen Sie den Mühlweg entlang bis zur ersten Kreuzung.
↰	1	Biegen Sie links ab in den Mühlweg.
↱		Gehen Sie nach rechts um den Platz herum bis zur Nummer 6.
↰		An der nächsten Kreuzung gehen Sie links.
↑		An der ersten Kreuzung überqueren Sie die Ludwig-Wucherer-Straße und gehen in die Fritz-Reuter-Straße.
↱		An der nächsten Ecke biegen Sie nach rechts in die Ulestraße ab.
↑		Gehen Sie dann die Ulestraße entlang bis zum Rathenau-Platz.

d Sieh den Plan an und ergänze die passende Wegbeschreibung wie in 4c.

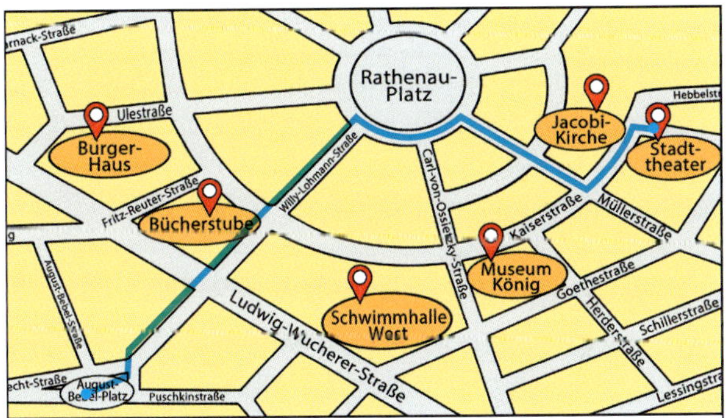

Start **Ziel**	August-Bebel-Platz Stadt-Theater
↑	Überqueren Sie den August-Bebel-Platz und fahren Sie in die Willy-Lohmann-Straße.
↑	
↱	
↱	
↰	
↑	bis zum Theater.
↱	Der Eingang ist um die Ecke rechts.

5 Sag mal … *n, nn, ng, nk* – Ergänze die Buchstaben und lies die Sätze laut. Hör dann zur Kontrolle.

1.19

1. Lisa hatte eine Pa___e und ka___ nicht pü___tlich zum Bah___hof kommen.
2. Der Treffpu___t ist an der nächste___ Kreuzu___ li___s um die Ecke.
3. Achtu___! Der Zug i___ Richtu___ Fra___furt hat zeh___ Mi___uten Verspätu___.
4. Am Schalter am Flughafe___ ist eine la___e Warteschla___e.
5. Ke___t jemand einen schö___en Campi___platz in der Umgebu___?

6 a Marthas und Hendriks Urlaub – Hör das Gespräch und ergänze die Aussagen.

1.20

online 3

1. Martha fährt in den ______________ nach Polen.
2. Dort wohnen ihre ______________ und ihr ______________.
3. Die Fahrt mit dem Auto dauert ______________.
4. Hendrik hat mit seinen ______________ in Polen an der Ostsee Urlaub gemacht.
5. Sie waren dort mit ihrem ______________.
6. Er möchte dieses Jahr nach Dänemark oder ______________ reisen.
7. Ein ______________ buchen Hendriks Eltern nie.

b Lies noch einmal den Text „BreakOut – Das ganz besondere Reiseabenteuer“ in Aufgabe 6b und c im Kursbuch. Lies dann die Sätze. Was ist richtig: A oder B? Kreuze an.

1. Immer zwei Personen reisen zusammen und …
   A ☐ sie können sich die Verkehrsmittel aussuchen.
   B ☐ ihre Sponsoren wählen die Verkehrsmittel.

2. Das Geld …
   A ☐ können die Teams am Ende der Reise behalten.
   B ☐ spenden die Teams am Ende der Reise.

3. Beim letzten Mal sind Wanda und Fabio …
   A ☐ fast nur per Anhalter nach Dänemark gereist.
   B ☐ per Anhalter zurück nach Deutschland gereist.

4. Sie wissen nicht, ob sie mit dem Zug fahren können, …
   A ☐ weil sie keine Fahrkarte haben.
   B ☐ weil sie nicht genug Geld haben.

5. Für eine Challenge in Hamburg …
   A ☐ haben sie Müll gesammelt.
   B ☐ haben sie 20 Euro bekommen.

6. Die Sponsoren und Fans können mit der App herausfinden, …
   A ☐ wo ihr Team gerade ist.
   B ☐ welche Challenges sie ihrem Team stellen können.

7 a BreakOut – Welches Wort passt? Ergänze die Sätze.

✦ das Ziel ✦ verboten ✦ vergessen ✦ möglich ✦ die Chance ✦ versuchen ✦

1. Bei BreakOut muss man ______________________, weit zu reisen und Spenden zu sammeln.
2. Es ist ______________________, Tickets für Verkehrsmittel zu kaufen.
3. BreakOut hat ______________________, mit den Spenden ein Projekt zu unterstützen.
4. Es ist ______________________, die Reise von drei deutschen Städten zu starten.
5. Die Teams dürfen nicht ______________________, ihre aktuelle Position in der App hochzuladen.
6. Die Teams haben ______________________, verschiedene Preise zu gewinnen.

BREAKOUT

online 4

b Was sagen Wanda und Fabio nach der Reise? Ergänze die Infinitivsätze mit *zu*.

1. Uns hat es Spaß gemacht, lustige Challenges zu bekommen. (lustige Challenges bekommen)
2. Es war sehr aufregend, ______________________. (das Ziel der Reise nicht kennen)
3. Wir fanden es spannend, ______________________. (so viele nette Leute kennenlernen)
4. Wir haben den Zugführer überredet, ______________________. (uns umsonst mitnehmen)
5. Einige Teams haben es schon geschafft, ______________________. (ohne Tickets mit dem Flugzeug reisen)

c Auf Reisen – Was ist für dich wichtig? Was ist nicht so wichtig? Ergänze die Sätze und schreib noch einen eigenen Satz mit Infinitiv mit *zu*.

1. Beim Reisen ist es für mich wichtig, ______________________
2. Es ist gar nicht wichtig für mich, ______________________
3. Am Strand habe ich keine Lust, ______________________
4. In den Ferien versuche ich, ______________________
5. ______________________

d Lest eure Sätze aus 7c vor. Vergleicht und sprecht zu zweit.

8 **a** **Lies den Chat. Zu wem passen die Aussagen 1–5? Jannik oder Clara? Markiere.**

Hi Clara, wie sind deine Ferien? Was machst du so?

Hallo Jannik! Ich mache nichts. Aber ich würde gern an einem Tennis-Camp teilnehmen oder eine Radtour machen oder so. Und du?

Ich wäre gern in Spanien oder Portugal. Aber ich muss jobben.

Du Armer. Was würdest du denn gern in Spanien machen?

Ich wäre den ganzen Tag am Strand. Ich würde in der Sonne liegen und vielleicht mal im Meer schwimmen.

Echt? Langweilig! Ich würde am Strand jeden Tag Beachvolleyball spielen. Ciao!

1. Jannik / Clara hat in den Ferien noch nichts vor.
2. Jannik / Clara würde gerne Sport machen.
3. Jannik / Clara wäre gern in einem anderen Land.
4. Jannik / Clara würde gern ans Meer fahren.
5. Jannik / Clara würde nicht gern in der Sonne liegen.

b **Was bedeuten die Sätze? Kreuze an.**

1. Ich wäre gern in Spanien.

A ☐ Ich möchte nach Spanien reisen.

B ☐ Ich war schon mal in Spanien.

2. Ich würde gern eine Radtour machen.

A ☐ Mein Wunsch ist, eine Radtour zu machen.

B ☐ Früher habe ich eine Radtour gemacht.

c **Welches Verb fehlt? Ergänze *hätte*, *wäre*, *würde* in der richtigen Form.** oder **Ergänze die Verben im Kasten.**

1. Daniel ________________ gern mit dem Segelschiff nach Finnland fahren.
2. Nelly ________________ gern viel Geld für eine Flugreise nach Australien.
3. Frieda und Piet ________________ gern mal in Japan oder Süd-Korea.
4. Finn ________________ gern ein neues Fahrrad für die nächste Radtour.
5. ________________ du auch gern bei BreakOut teilnehmen?
6. ________________ ihr auch gern mal allein mit dem Zug unterwegs?

würde+ Infinitiv
hätte + Nomen

Bei Wünschen:
würde, *hätte*, *wäre* + *gern*

Würdest | hätte | Wärt | wären | würde | hätte

d **Lies die Nachricht und schreib eine Antwort. Schreib im Konjunktiv II.**

Wann sind endlich Ferien? Ich hätte gerne jetzt schon frei. Dann würde ich nur tolle Sachen machen. Was würdest du machen? Würdest du gern reisen? Wohin? LG

Hi! ____

____

____

9 a *Wenn …, dann …* – Lies die Nachrichten. Was passt zusammen? Verbinde.

online 5

1. Du hast noch keinen Job? Wenn ich noch keinen Ferienjob hätte,
2. Museen, Theater, langweilig! Wenn ich jetzt mit euch zusammen im Urlaub wäre,
3. Nur noch drei Tage Ferien. Wenn die Ferien zwei Wochen länger wären,
4. Jeden Tag lernen, total doof! Wenn ich gute Noten hätte,

A dann hätte ich viel mehr Spaß als mit meinen Eltern.
B wäre ich jeden Tag im Park oder Freibad und nicht am Schreibtisch.
C würde ich mir schnell einen suchen. Schau mal bei meinjob.de.
D hätte ich Zeit und würde dich in Dänemark besuchen.

b Ergänze die Sätze.

1. Wenn ich meinen Traumjob finden würde, ____________________.
   (die ganzen Ferien arbeiten)
2. Wenn ich den Weg kennen würde, ____________________.
   (schon lange da sein)
3. Wenn ich 18 Jahre alt wäre, ____________________.
   (ein Auto haben)

10 Lernen – üben – spielen. Was würde euer Partner / eure Partnerin in den Ferien lieber machen? Ratet und bildet Sätze. Richtig? Du bekommst einen Punkt. Wer hat am Ende die meisten Punkte?

1. am Strand sein / in den Bergen sein
2. mit Freunden in Urlaub fahren / mit der Familie in Urlaub fahren
3. im Zelt schlafen / in der Jugendherberge schlafen
4. den Weser-Radweg fahren / ins Feriencamp gehen
5. surfen / in den Swimmingpool gehen
6. mit einem Ferienjob viel Geld verdienen / etwas für einen guten Zweck machen
7. Geld für Souvenirs ausgeben / Geld für Kleidung ausgeben

Ich glaube, du wärst in den Ferien lieber am Strand.

Falsch! Aber du wärst lieber am Strand.

Richtig.

Perfekt Ergänze die Sätze. Zwei Verben bleiben übrig.

✦ abgebogen ✦ mitgenommen ✦ ausgestiegen ✦ ausgegeben ✦ verbracht ✦ gewonnen ✦ beschlossen ✦

1. Wir sind falsch ____________. Wir sind nach rechts gegangen, nicht nach links.
2. An welcher Haltestelle seid ihr ____________? Am Hauptbahnhof oder am Ollernplatz?
3. Busfahren ist echt teuer. Ich habe 5 € für eine Fahrkarte ____________.
4. Wir haben ____________, mit dem Rad zu fahren.
5. Tim hat im Urlaub viel Zeit mit seinen Cousins ____________.

Wichtige Wörter

Seite 45

das **Camping**
die **Umgebung**, -en
der **Service**
entdecken
inklusive
der **Rekord**, -e
die **Million**, -en →
der **Passagier**, -e
die **Passagierin**, -nen
der **Flug**, Flüge
der **Beginn**
die Warteschlange, -n
der/das **Terminal**, -s
der **Schalter**, -
das **Bundesland**, -länder
der **Stau**, -s
die **Autobahn**, -en

die Weser *(Fluss)*
der Radweg, -e
die **Strecke**, -n
entlang *(+ Akk.)*
bis zu *(+ Dat.: Der Weg führt bis zum See.)*
die **Richtung**, -en
die **Abfahrt**, -en
das **Gleis**, -e
der **Bahnsteig**, -e

technisch
die **Störung**, -en
solch- *(Solche Infos sind wichtig.)*
möglichst
die **Übernachtung**, -en
das **Apartment**, -s

Seite 46

die **Durchsage**, -n
etwa *(Das dauert etwa 15 Minuten.)*
der/die Reisende, -n
aus|fallen *(fällt aus, fiel aus, ist ausgefallen)*
der **Lift**, -e
der **Eingang**, -gänge
der **Ausgang**, -gänge
das **Obergeschoss (OG) / Untergeschoss (UG)**, -geschosse →
der Wintersportartikel, -
das **Sonderangebot**, -e
landen *(Das Flugzeug landet um 11.35 Uhr.)*
die **Landung**, -en
ein|schalten
sich an|schnallen

der (Auto-)**Fahrer**,-
die (Auto-)**Fahrerin**, -nen
umfahren *(umfährt, umfuhr, hat umfahren)*
die **Baustelle**, -n

der **Bereich**, -e
die **Geschwindigkeit**, -en
die **Geschwindigkeitsbeschränkung**, -en
überholen →
der **Halt**, -e
nächst- *(der nächste Halt)*
der **Treffpunkt**, -e
der **Akku**, -s

auf|laden *(lädt auf, lud auf, hat aufgeladen)*
die **Panne**, -n
der **Gehsteig**, -e

Seite 47

die **Beschreibung**, -en
der **Stadtplan**, -pläne

gegenüber *(+ Dativ)*
um ... herum *(+ Akk.: um den Platz herum)*
um *(+ Akk.: um die Ecke)*

breit →

der/das/die erste, ersten →

die **Kurve**, -n

die **Einbahnstraße**, -n

der **Hauptbahnhof**, -höfe →

überqueren

ab|biegen *(biegt ab, bog ab, ist abgebogen)*

daneben

sich **befinden** *(befindet, befand, hat befunden)*

Seite 48

der **Zweck**, -e

per *(per Anhalter fahren)*

das (Reise-)**Abenteuer**, -

zu Fuß

das (Segel-)**Boot**, -e

maximal

die **Entfernung**, -en

zurück|legen

der Sponsor, -en

spenden

die Spende, -n

der **Betrag**, Beträge

beschließen *(beschließt, beschloss, hat beschlossen)*

starten

sich **lohnen**

diesmal

der **Süden**

der Schaffner, -

die **Herausforderung**, -en

extra

peinlich

mitten in *(+ Dat.)*

die **Fußgängerzone**, -n

der **Abfalleimer**, -

hoch|laden *(lädt hoch, lud hoch, hat hochgeladen)*

der **Beweis**, -e

das **Fahrzeug**, -e →

erledigen

der **Preis**, -e

die **Teilnahme**, -n

Seite 49

erfahren *(erfährt, erfuhr, hat erfahren)*

anstrengend

überreden

vor|haben *(hat vor, hatte vor, hat vorgehabt)*

das/der Event, -s

das **Souvenir**, -s

Seite 50

der Traumurlaub, -e

die **Realität**, -en

Chile

Schottland

die **Fähre**, -n

Seite 51

der Vampir, -e

erschrecken

faulenzen

der **Swimmingpool**, -s

der **Ozean**, -e

der Jahrmarkt, -märkte

zelten

die **Burg**, -en →

sich **verlaufen** *(verläuft, verlief, hat verlaufen)*

die Radtour, -en

Was kann ich?

1 Ich kann über die Themen „Reisen“ und „Verkehr“ sprechen.

☺ 😐 ☹

→ KB/ÜB A1, A6

✦ Reiseziel ✦ Verkehrsmittel ✦ Übernachtung ✦ Aktivitäten

In den letzten Ferien war ich mit …
bei … Wir sind mit dem Zug …

2 Ich kann Durchsagen verstehen.

☺ 😐 ☹

→ KB/ÜB A2

1. Achtung! Rei __ __ __ d __ an Gleis 12: Ihr Z __ __ fährt heute geändert von G __ __ __ __ 7 ab.
2. Auf der A1 zehn Ki __ __ __ et __ r S __ __ __ nach einem Un __ __ __ __: Bitte benutzen Sie die Um __ __ __ t __ __ __.
3. Eine In __ __ rm __ __ io __ zu Flug 718 von Dortmund: Das F__ __ g __ __ __ g landet heute mit 25 Minuten V __ __ sp __ __ __ __ __.

3 Ich kann nach dem Weg fragen und einen Weg beschreiben.

☺ 😐 ☹

→ KB/ÜB A4

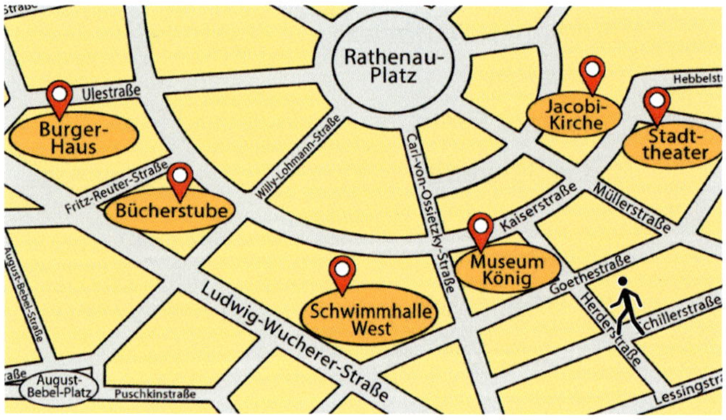

Gibt es hier in der Nähe
einen Buchladen?

Ja, geh …

4 Ich kann irreale Bedingungen äußern.

☺ 😐 ☹

→ KB/ÜB A8, A9

✦ ein Reiseziel wählen – in die Karibik fliegen ✦ im Stau stehen – ein Buch lesen ✦

Wenn ich ein ____

____

____

So lerne und übe ich

5 Ich lerne Wörter in Themen und erstelle eigene Mindmaps.

☐ manchmal ☐ oft ☐ nie

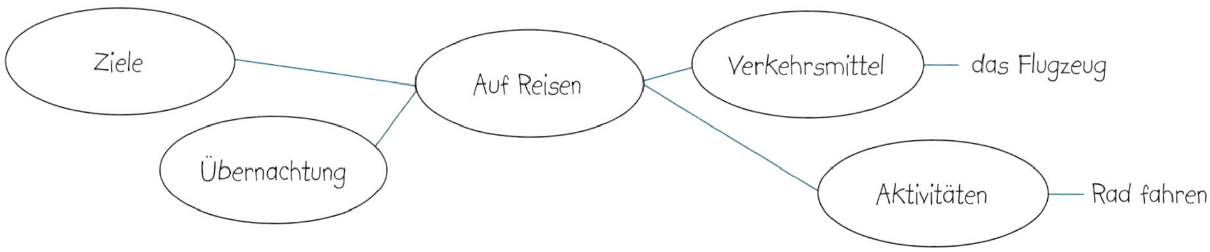

Aus Wissenschaft und Technik 6

1 a Domino zu „Wissenschaft und Technik“ – Spielt und sprecht zu zweit.

braucht man, wenn Essen und Getränke kalt sein sollen.	Das Internet
verwendet man für Fotos oder Videos.	Eine Software
ist ein Zeichen, das man hören oder sehen kann.	Ein Staubsauger
benutzt man, wenn man online nach Informationen sucht.	Einen Motor
ist ein digitales Programm.	Die Wissenschaften
ist praktisch, wenn man sein Zimmer putzt.	Einen Kühlschrank
gibt es in vielen Fahrzeugen, aber nicht am Fahrrad.	Eine Erfindung
erforschen und erklären, wie etwas funktioniert.	Ein Signal
ist eine neue Entwicklung, die es noch nicht gab.	Eine Kamera

Das Internet …

Das Internet benutzt man, wenn man online nach Informationen sucht. Einen Motor …

online 1

b Erfindungen aus D-A-CH – Wähle drei Erfindungen und schreib Sätze wie im Beispiel.

der Reißverschluss

die Glühbirne

das WorldWideWeb

die Postkarte

die Straßenbahn

In der ganzen Welt schreiben Menschen aus dem Urlaub …

2 Alles falsch! – Lies die Geschichte in Aufgabe 2a im Kursbuch noch einmal und korrigiere die Aussagen 2 bis 6. ⟷ oder Lies und korrigiere die Aussagen 2 bis 6.

1. Kim hat ~~ein Motorrad~~ gebaut. *einen Roller*
2. Der Roller braucht viel Strom. ______________________
3. Er fährt 15 km/h. ______________________
4. Henri soll den Roller ausprobieren. ______________________
5. Lukas möchte den Roller kaufen. ______________________
6. Bei dem Roller fehlt ein Reifen. ______________________

3 a Akkusativ? Dativ? Akkusativ und Dativ? Schreib die Verben in die Tabelle. Die Liste auf S. 73 im Übungsbuch hilft.

✦ ~~antworten~~ ✦ brauchen ✦ bringen ✦ erzählen ✦ essen ✦ finden ✦ geben ✦ gefallen ✦ gehören ✦
✦ haben ✦ helfen ✦ kaufen ✦ leihen ✦ lesen ✦ passen ✦ schenken ✦ schmecken ✦ suchen ✦
✦ verstehen ✦ zeigen ✦

nur mit Akkusativ	nur mit Dativ	mit Akkusativ und Dativ
	antworten	

b Akkusativ oder Dativ? Markiere das passende Personalpronomen.

1. ● Wann bekommst du von deinen Eltern das neue Handy?
   ○ Sie haben es mir / mich gestern geschenkt. Sieh mal.
2. ● Sandra hat einen neuen E-Roller.
   ○ Echt? Sie hat ihm / ihn mir noch nicht gezeigt.
3. ● Wann gibst du mir meine 20 Euro zurück?
   ○ Wie bitte? Ich habe ihr / sie dir letzte Woche gegeben.
4. ● Ich habe ein Video von unserem neuen Auto. Es fährt mit Strom. Soll ich es dir / dich zeigen?
   ○ Cool! Ja, klar!

c Sätze verkürzen – Arbeitet zu zweit. Ändert und sprecht die Sätze wie im Beispiel.

1. Jonas leiht Konstantin seinen Laptop.
2. Soll die Klasse 9a ihrem Lehrer die Hausaufgabe senden?
3. Linda erzählt Luise das Geheimnis.
4. Der Trainer hat seinem Team den Film vom letzten Spiel gezeigt.
5. Gib Papa das Telefon, bitte.

1. Jonas leiht Konstantin seinen Laptop.
→ ihm seinen Laptop.
→ ihn Konstantin.
→ ihn ihm.

Kurz vor lang:
Pronomen stehen vor Nomen
→ *Er sendet **mir** eine Mail.*

d Wähle zwei Verben mit Akkusativ und Dativ aus 3a und schreib zu jedem Verb einen Satz wie in 3c. Tausche mit deinen Nachbarn je einen Satz. Ändere die Sätze wie in 3c.

online 2

e **Alles erledigt für das Technik-Referat! – Schreib Antworten wie im Beispiel.**

1. Hast du Johanna die Bücher zurückgegeben? *Ja, ich habe sie ihr schon zurückgegeben.*
2. Hast du deinen Freunden dein Referat gezeigt? *Ja, ich ...* ________________
3. Hast du deinem Nachhilfelehrer deinen Text vorgelesen? ________________
4. Hast du eurer Lehrerin deine Präsentation geschickt? ________________
5. Hast du deinem Freund den Laptop geliehen? ________________

4 **a** **Was passt nicht in die Reihe? Streiche das Wort durch.**

online 3

1. der Diesel	die Telefonzelle	das Benzin	der Strom
2. aufladen	der Akku	der Verkehr	das E-Auto
3. kennen	erfinden	entwickeln	forschen
4. die Batterie	die Umwelt	die Energie	der Akku
5. die Zukunft	morgen	die Vergangenheit	bald
6. schädlich	umweltfreundlich	die Abgase	der Müll

b **Welche Verben passen zu den Nomen? Ordne zu.**

✦ verbrauchen ✦ entwickeln ✦ kommunizieren ✦ aufladen ✦

1. einen leeren Akku ________________
2. eine Technologie ________________
3. Benzin ________________
4. im Internet ________________

c **Lies die Aussage von Frau Dr. Wolf aus dem Interview in Aufgabe 4b im Kursbuch. Was denkst du? Autos leihen oder kaufen? Schreib deine Meinung in einem kurzen Text und begründe.**

„In den nächsten 20 Jahren wechseln immer mehr Menschen zu Elektro-Autos. Viele benutzen ihre Autos dann vor allem in der Stadt. Der größte Teil der Autofahrer will das Auto dafür auch nur leihen oder man teilt sich ein Auto mit anderen."

5 **a** **Überraschung ausdrücken – Ordne die Wörter und schreib die Redemittel richtig.**

1. wusste / nicht / das / ich / ! ________________
2. mich / das / wundert / . ________________
3. neu / das / mich / ist / für / . ________________
4. gibt's / gar / das / nicht / doch / ! ________________

b **Arbeitet zu zweit. A liest vor, B reagiert überrascht mit passenden Ausdrücken. Dann wechselt ihr.**

Weltweit gibt es über eine Milliarde Autos!

China kauft die meisten Elektro-Autos, mehr als Europa und die USA zusammen.

In London muss man Geld zahlen, wenn man mit dem Auto ins Zentrum fahren möchte.

In manchen deutschen Städten dürfen alte Autos nicht mehr fahren.

6 a Lies den Text in Aufgabe 6c im Kursbuch noch einmal. Welche Sätze passen zu welchem Textabschnitt? Notiere A, B, C und D.

1. Durch Roboter können kranke Kinder mit ihren Mitschülern sprechen. ____
2. Auch in Fabriken arbeiten heutzutage viele Roboter. ____
3. Roboter machen mit Menschen Sportübungen und unterhalten sie. ____
4. Viele Menschen wünschen sich Roboter, die bei Arbeiten im Haus helfen. ____

b Wie heißen die Nomen zu den Verben? Schreib. Kontrolliere dann mit dem Text im Kursbuch.

1. forschen – die ____________________
2. befehlen – der ____________________
3. fühlen – das ____________________
4. sich bewegen – die ____________________
5. helfen – die ____________________
6. einsetzen – der ____________________

c Was passt zusammen? Ordne zu.

A kommunizieren — 5. mit den Mitschülern — B übernehmen — H teilnehmen — 1. die Wohnung — D reagieren — 8. auf Gefühle — 3. Geschichten — 2. das Essen — C vorbereiten — 4. am Unterricht — 6. eine Tätigkeit — F aufräumen — 7. kranke Kinder — G unterstützen — E erzählen

1.	2.	3.	4.	5.	6.	7.	8.

7 a Nominativ, Akkusativ oder Dativ? Kreuze das richtige Relativpronomen an.

Ich möchte einen Roboter,

1. ☐ der ☐ den ☐ dem Augen und Mund hat.
2. ☐ der ☐ den ☐ dem ich selbst programmieren kann.
3. ☐ der ☐ den ☐ dem ich Nachrichten schicken kann.
4. ☐ der ☐ den ☐ dem ich in die Schule mitnehmen kann.
5. ☐ der ☐ den ☐ dem meine Hausaufgaben macht.
6. ☐ der ☐ den ☐ dem ich meine Computerspiele zeigen kann.

b Bilde Relativsätze im Dativ. Schreib die Sätze in dein Heft.

1. Meine Nachbarin hat jetzt einen Roboter. Ich helfe ihr oft bei den Hausaufgaben.
2. Lukas macht bald einen Roboter-Workshop. Wir haben ihm zum Geburtstag einen Spielzeugroboter geschenkt.
3. Meine Cousins bieten diese Workshops an. Ihnen gehört ein großes Computergeschäft.
4. Meine Schwester bastelt ihren eigenen Roboter. Ihr machen Technik und Informatik Spaß.

1. Meine Nachbarin, der ich oft bei den Hausaufgaben helfe, hat jetzt einen Roboter.

1.21 online 4

c **Relativsätze mit Präposition – Was passt wo? Ergänze und hör zur Kontrolle.**

✦ an dem ✦ von dem ✦ mit der ✦ mit dem ✦ auf den ✦ auf das ✦ in dem ✦

● Kennt ihr den Jungen, ____________ (1) Paula gerade spricht?

○ Das ist der neue Schüler aus der 9d, ____________ (2) sie schon mal erzählt hat.

● Ah ja. Sagt mal, was macht ihr denn heute Nachmittag? Habt ihr Zeit?

◆ Ich habe heute Nachmittag diesen Informatik-Kurs, ____________ (3) wir gerade so kleine Roboter programmieren. Das ist echt cool. Vielleicht morgen?

○ Da treffe ich mich mit Olivia. Wir gehen ins Kino und sehen den Film mit Elyas M'Barek, ____________ (4) ich mich schon seit Wochen freue. Kommt doch mit!

● Ja, gerne!

◇ Okay, aber ich kann erst später. Ich habe am Donnerstag ein Referat in Bio, ____________ (5) ich mich noch vorbereiten muss.

◆ Du hast Bio bei Frau Kaindl, oder?

◇ Ja, sie ist auch meine Klassenlehrerin und echt super! Sie ist eine Lehrerin, ____________ (6) man über alles diskutieren kann. Leute, ich muss jetzt gehen. Bis morgen!

○ Ich muss auch los! Um 14 Uhr gibt es ein Klassensprecher-Treffen, ____________ (7) ich teilnehmen muss. Bis morgen!

d **Was macht Paula nächste Woche? Schreib die Relativsätze.**

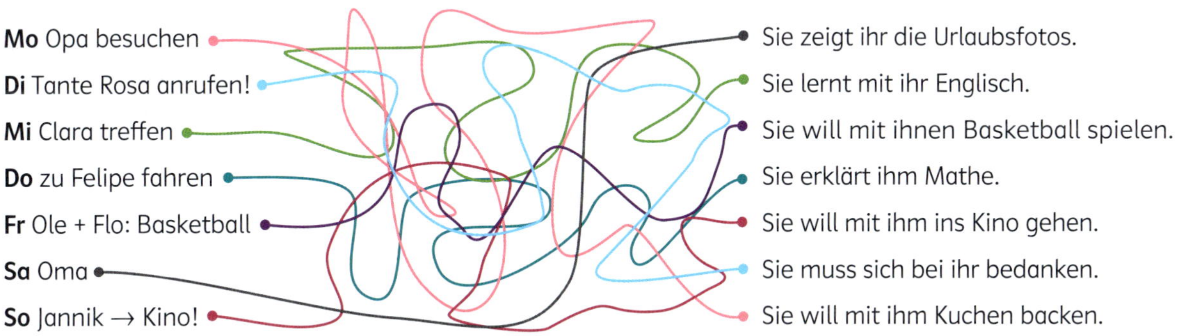

1. Am Montag besucht Paula ihren Opa, mit dem sie Kuchen backen will.
2. Am Dienstag ruft sie ihre Tante an, ____________.
3. Am Mittwoch trifft sie Clara, ____________.
4. Am Donnerstag fährt sie zu Felipe, ____________.
5. Am Freitag trifft sie Ole und Florian, ____________.
6. Am Samstag besucht sie ihre Oma, ____________.
7. Am Sonntag trifft sie Jannik, ____________.

8 **a** **Lies den Text und setze aus der Wortliste (A–H) das richtige Wort in jede Lücke ein. Einige Wörter bleiben übrig.**

DSD 1

Wortliste
✦ (Z) Unterricht ✦ (A) Natur ✦ (B) umweltfreundliche ✦ (C) Schule ✦
✦ (D) Hausaufgaben ✦ (E) wichtig ✦ (F) sparen ✦ (G) sinken ✦ (H) vorstellen ✦

Lies den Text zuerst einmal ganz. Lies den Text dann noch einmal und entscheide, welches Wort wo passt.

Am Sophie-Scholl-Gymnasium ist in dieser Woche alles anders. Die Schüler und Schülerinnen haben keinen normalen __Z__ (0), denn wie jedes Jahr findet die Umweltwoche statt. In Workshops und Kursen arbeiten die Jugendlichen gemeinsam an Projekten, die sie am Ende der Woche _____ (1). Die Schüler informieren sich gegenseitig über wichtige Themen und präsentieren auch, was man in der Schule oder zu Hause für die Umwelt tun kann. Dabei geht es zum Beispiel um _____ (2) Ernährung oder wie man weniger Müll produziert. Wichtige Themen sind auch der Klimawandel und wie man Energie _____ (3) kann. Und was sagen die Schüler? Die meisten finden diese Woche toll und freuen sich, etwas für die Umwelt zu tun. Andere sind einfach froh, dass sie keine _____ (4) machen und sich nicht auf Tests vorbereiten müssen.

b **Welche Überschrift passt am besten zum Text? Kreuze an.**

A ☐ Eine Woche schulfrei! B ☐ Lernen für die Umwelt C ☐ Regeln für den Umweltschutz

c **Ergänze den bestimmten Artikel im Genitiv.**

1. Wegen ______ Präsentation ist Mia ein bisschen nervös.
2. Mia fährt wegen ______ Umwelt immer mit dem Fahrrad zur Schule.
3. Heute hat sie wegen ______ schlechten Wetters den Bus genommen.
4. Sinan geht heute wegen ______ Referats in die Bibliothek.
5. Er verzichtet wegen ______ Tiere jetzt auf Fleisch.
6. Jannik hat wegen ______ Umwelttags in der Schule viel recherchiert.
7. Er will jetzt wegen ______ vielen Mülls weniger Plastikflaschen kaufen.

d **Was passt? Ergänze wie im Beispiel.**

✦ die Zeugnisse ✦ ein Feiertag ✦ eine Prüfung ✦ der Lärm ✦ die Arbeit ✦

1. Wegen __der Arbeit__ haben meine Eltern nicht viel Zeit.
2. Morgen müssen sie wegen ________________________ nicht arbeiten und wollen mit der Familie einen Ausflug machen.
3. Aber ich muss wegen ________________________ nächste Woche viel lernen und möchte zu Hause bleiben.
4. Meine Geschwister sind oft laut und dann kann ich mich wegen ________________________ im Haus nicht gut konzentrieren.
5. Aber wegen ________________________ im nächsten Monat ist diese Prüfung sehr wichtig für mich.

1.22 **e** **Ich tue etwas für die Umwelt! – Hör die Umfrage. Wer sagt was? Kreuze an.**

	Jamal	Pia	Lina	Victor
1. Wir kaufen Obst und Gemüse oft auf dem Markt.				
2. Ich fahre immer mit dem Rad zur Schule.				
3. Ich spare Wasser.				
4. Meine Familie fährt mit dem Zug in Urlaub.				
5. Ich sammle Müll im Park.				
6. Ich verschwende kein Papier.				
7. Ich kaufe keine Plastikflaschen.				
8. Wir reparieren oft Dinge.				

f **Was tust du für die Umwelt? Schreib einen kurzen Text.**

9

online 5

Was passt wo? Ergänze die Redemittel.

Mein ______________________ (1) ist …

Ich habe die ______________________ (2) gemacht, dass …

Ein ______________________ (3) ist, dass …

Meiner ______________________ (4) nach …

Meine ______________________ (5) ist jetzt zu Ende.

Vielen Dank für eure ______________________ (6).

Präsentation Erfahrung Vorteil Thema Meinung Aufmerksamkeit

10

1.23

Sag mal … Fremdwörter sprechen – Hör die Sätze und sprich nach.

1. Biologie, Chemie und Physik sind meine Lieblingsfächer.
2. Hast du die Präsentation zum Thema „Technologie und Mobilität" vorbereitet?
3. Die Diskussion über Umwelt, Klima und Energie ist sehr aktuell.
4. Das Projekt zum Thema „Kommunikation in der Klasse" ist ein wichtiges Signal für die Schüler.

11

Lernen – üben – spielen. Arbeitet zu viert. Jede/r notiert drei Relativsätze zu Personen oder Dingen und liest die Sätze vor. Die anderen raten. Wer errät die meisten Wörter?

Das ist ein Gerät, mit dem man Nachrichten schicken kann.

Das Handy!

Das ist eine Person, die …

Perfekt

Alles durcheinander – Schreib die Perfektformen an die richtige Stelle.

1. Hast du Max deinen Roller ~~nachgedacht~~? ______________________
2. Ja, gestern. Er hat ihn noch nicht ~~geliehen~~. ______________________
3. Wer hat eigentlich den ersten E-Roller ~~teilgenommen~~? ______________________
4. Keine Ahnung. Sag mal, hast du an dem Technikkurs ~~zurückgebracht~~? ______________________
5. Nein, ich hatte noch keine Zeit, aber ich habe darüber ~~erfunden~~. ______________________

Seite 53

die **Wissenschaft**, -en
die (Musik-)**Anlage**, -n

die **Klimaanlage**, -n
der **Staub**
kommunizieren
passend
die **Technologie**, -n
die **Jugend**
forschen
speziell
an|schließen *(schließt an, schloss an, hat angeschlossen)*
erfinden *(erfindet, erfand, hat erfunden)*
die **Erfindung**, -en
jederzeit *(Du kannst jederzeit kommen.)*
blind
unpraktisch
digital
der **Alarm**, -e
entwickeln
warnen *(vor + Dat.)*
automatisch
das Signal, -e
die **Software**
das Saarland
der **Unternehmer**, -
die **Unternehmerin**, -nen

Seite 54

mobil
die **Bremse**, -n
der **Strom**
das **Teil**, -e *(Cooles Teil!)*
der Wahnsinn *(Eine 1 in Deutsch? Wahnsinn!)*
zurück|bringen *(bringt zurück, brachte zurück, hat zurückgebracht)*

Seite 55

die **Datei**, -en
zeichnen
die **Abgase** (Pl.)
die **Batterie**, -n
die **Bedeutung**, -en
das **Benzin**
der Diesel
das **E-Bike**, -s
elektrisch
Elektro- *(Elektro-Auto)*
die **Energie**, -n
die (Lade-)**Station**, -en
die **Steckdose**, -n
tanken

die **Tankstelle**, -n
umweltfreundlich
sondern
die (Elektro-)**Mobilität**
die **Meldung**, -en
die USA (Pl.)
die Sensation, -en
die **Medizin**
das Gehirn, -e
ersetzen
die Entdeckung, -en
die **Pflanze**, -n
der **Mond**, -e

mieten →
wundern *(Das wundert mich.)*

Seite 56

der **Roboter**, -
ein|setzen
die **Forschung**, -en
intensiv
die Wirklichkeit
selbstständig
programmieren
benötigen
allerdings

das **Verhalten**
privat
das **Gras**
angenehm
wischen
das **Altenheim**, -e
begegnen
die **Bewegung**, -en
ungefähr
der **Patient**, -en →
die **Patientin**, -nen
ein|nehmen *(nimmt ein, nahm ein, hat eingenommen)*
unheimlich *(Roboter finde ich unheimlich.)*
erleichtern
der/die **Kranke**, -n
isoliert

zu Hause
die **Beschäftigung**, -en
die **Industrie**, -n
monoton
die **Produktion**
der **Betrieb**, -e
menschlich
der **Arbeiter**, -
die **Arbeiterin**, -nen
der/die **Angestellte**, -n
verschwinden *(verschwindet, verschwand, ist verschwunden)*
der **Arbeitsplatz**, -plätze →

Seite 57

der **Abschnitt**, -e
die **Einleitung**, -en
springen *(springt, sprang, ist gesprungen) (Ich kann weit springen.)*
lösen *(Aufgaben lösen)*
der Badeanzug, -züge
die Badehose, -n

Seite 58

alternativ
verbrauchen
wegen *(+ Gen.)*
zahlreich
nach|denken *(über + Akk.)*
handeln *(Man sollte jetzt klug handeln.)*
das **Klima**
der Klimawandel
verschwenden
die **Luft**
das **Plastik**
der **Kunststoff**, -e
das **Insekt**, -en
öffentlich
kostenlos
der **Umweltschutz**
der **Vortrag**, Vorträge
der **Zuhörer**, -
die **Zuhörerin**, -nen
verständlich

Seite 59

die **Präsentation**, -en
die **Folie**, -n
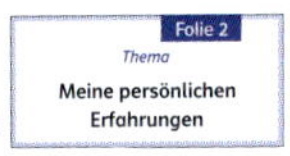

der **Inhalt**, -e
die **Struktur**, -en
das **Erlebnis**, -se
der **Zusammenhang**, -hänge
positiv
negativ
der Abschluss
die Aufmerksamkeit
die **Kommunikation**

die **Temperatur**, -en

Was kann ich?

1

Ich kann Überraschung ausdrücken.

→ KB/ÜB A5

☺ 😐 ☹

Du hast 20 000 Euro gewonnen! Glückwunsch!

Wir fliegen mit der Klasse nach Hawaii!

Morgen haben wir keine Schule.

Du triffst morgen Mark Forster!

Echt? …

2

Ich kann etwas beschreiben und weitere Informationen nennen.

→ KB/ÜB A7

☺ 😐 ☹

1. Das ist ein Roboter. Man kann dem Roboter alle schweren Aufgaben geben.
2. Dieser Computer hat eine neue Technologie. Wir können mit der neuen Technologie leichter lernen.
3. Ich zeige dir ein neues Video. Du wirst über das Video bestimmt auch lachen.

Das ist ein Roboter, dem …

3

Ich kann Gründe nennen.

→ KB/ÜB A8

☺ 😐 ☹

✦ die Natur ✦ der Müll ✦ das Internet ✦ die Kosten ✦

1. Weshalb wollen immer mehr Menschen keine Benzin-Autos fahren?
2. Warum ist es möglich, online Informationen zu finden?
3. Warum setzen Betriebe Roboter ein?
4. Weshalb wollen viele Menschen keine Plastiktüten mehr?

Wegen der …

So lerne und übe ich

4

Ich umschreibe neue Wörter auf Deutsch.

☐ manchmal ☐ oft ☐ nie

das E(lektro)-Auto	Das ist ein Auto, das mit Strom fährt.
der Umweltschutz	Das sind Aktivitäten, die gut für die Natur sind.

Testtraining 2

Hören Teil 2

1 **Lies die Situation. Stell zu jeder Frage Vermutungen an. Vergleicht eure Vermutungen in der Klasse.**

Du nimmst an einem Outdoor-Feriencamp in der Sächsischen Schweiz teil und hörst die Informationen nach deiner Ankunft in Porschdorf.

Wer spricht? eine Person, die ____________________

Wer sind die Zuhörer? ____________________

Was erklärt die Person vielleicht? ____________________

Strategie
Lies die Situation genau und stelle sie dir vor. Wer erklärt etwas? Wer hört zu? Was können Themen sein?

2 **Jetzt wie in der Prüfung:**

1.24

Du hörst nun einen Text. Du hörst den Text **einmal**. Dazu löst du fünf Aufgaben. Wähle bei jeder Aufgabe die richtige Lösung [a], [b] oder [c].

Lies jetzt die Aufgaben 1 bis 5. Dazu hast du 60 Sekunden Zeit.

Strategie
Lies in den 60 Sekunden die Aufgaben genau und markiere die Schlüsselwörter.

Du nimmst an einem Outdoor-Feriencamp in der Sächsischen Schweiz teil und hörst die Informationen nach deiner Ankunft in Porschdorf.

1 Am ersten Tag …
- [a] können sich alle auf einer Wanderung kennenlernen.
- [b] gibt es auf dem Balkon eine Grillparty.
- [c] macht die Gruppe auf der Wanderung tolle Spiele.

2 Vor der Klettertour …
- [a] testen alle Teilnehmer Kletterschuhe.
- [b] muss die Gruppe an der Kletterwand üben.
- [c] gibt es einen gesunden Obst-Snack.

Die Aufgaben kommen in der gleichen Reihenfolge vor wie im Hörtext.

3 Die Kanutour …
- [a] fällt wegen des Regens aus.
- [b] machen sie am Dienstag.
- [c] dauert mit einer langen Pause fünf Stunden.

4 Die Wanderschuhe …
- [a] mussten alle mitbringen.
- [b] kann man im Camp gebraucht kaufen.
- [c] kann man gegen Geld leihen.

5 Bis 22:30 Uhr …
- [a] darf man alleine unterwegs sein.
- [b] ist es im Camp erlaubt, lauter zu sein.
- [c] müssen alle schlafen.

Du musst nicht alle Wörter für die Lösung der Aufgabe verstehen.

Du weißt nicht, welche Antwort richtig ist? Kreuze trotzdem eine Antwort an.

Lesen Teil 4

3 a Lies die Ausdrücke. Welche drücken eine positive Meinung aus, welche eine negative? Kreuze an.

	positiv	negativ
1. … ist ein Vorteil.	☐	☐
2. Der Nachteil ist, dass …	☐	☐
3. Das finde ich nicht so gut.	☐	☐
4. Ich hätte auch gern …	☐	☐
5. Ich denke, das funktioniert nicht.	☐	☐
6. Ich habe nichts dagegen.	☐	☐
7. Das kann ich mir ganz gut vorstellen.	☐	☐
8. Ich habe schlechte Erfahrungen mit …	☐	☐

b Lies die Arbeitsanweisung der Prüfungsaufgabe. Was ist das Thema? Kreuze an.

Lies die Texte 1 und 2. Wähle: Ist die Person **für ein Verbot von Hausaufgaben**?
In einem Internetforum liest du Meinungen zum Thema „Keine Hausaufgaben mehr".

A ☐ Lehrer dürfen keine Hausaufgaben mehr geben.
B ☐ Schüler wollen keine Hausaufgaben mehr machen.

Strategie

Lies die Situation genau durch. Was ist das Thema?
Was bedeuten *Ja* und *Nein*?
Zum Beispiel: Findet die Person ein Verbot gut? = Ja (Sie ist für ein Verbot.)
Findet sie ein Verbot nicht gut? = Nein (Sie ist gegen ein Verbot.)

c Lies jetzt die beiden Texte. Unterstreiche Wörter, die eine Meinung (positiv oder negativ) ausdrücken. Kreuze dann Ja **oder** Nein **an.**

1. Tessa ☐ Ja ☐ Nein   2. Rasmus ☐ Ja ☐ Nein

LESERBRIEFE

1 Keine Hausaufgaben? Das hören Schüler gern. Aber ich habe nichts gegen Hausaufgaben, denn sie sind wichtig, finde ich. Dann weiß man, ob man wirklich alles verstanden hat oder nicht und was man noch üben muss.
Tessa, 16

2 Wir brauchen wieder mehr Zeit für unsere Hobbys. Die Schule geht doch schon bis nachmittags. Mit Hausaufgaben hat man nur noch Stress. Das finde ich nicht so gut und das ist auch nicht gesund. Es ist besser, wenn man in der Schule gut aufpasst. Das reicht.
Rasmus, 15

4 Jetzt wie in der Prüfung:

15 Min.

Lies die Texte 1 bis 7. Wähle: Ist die Person **für Roboter als Lehrer in Schulen**?
In einem Internetforum liest du Meinungen zum Thema „Roboter als Lehrer in Schulen".

Beispiel

0 Niko	~~Ja~~	Nein
1 Nora	Ja	Nein
2 Maria	Ja	Nein
3 Nils	Ja	Nein
4 Lena	Ja	Nein
5 Arne	Ja	Nein
6 Luis	Ja	Nein
7 Fine	Ja	Nein

LESERBRIEFE

Beispiel Wenn ein Roboter unterrichtet, hat man keine Angst vor Fehlern. Der Roboter denkt nicht, dass man dumm ist. Also fühlt man sich sicher und hat keinen Stress. So kann man besser lernen. Also, ich habe nichts gegen Roboter als Lehrer.

Niko, 15

1 An vielen Schulen fehlen Lehrer, da können Roboter helfen. Aber was passiert mit den Daten? Speichern die Roboter alles, was die Schüler im Unterricht sagen? Das macht mir ein bisschen Angst. Und wie soll ein Roboter Noten geben? Roboter als Lehrer, das funktioniert nicht, denke ich.

Nora, 17

2 In der Schule lernt man auch, wie man mit anderen zusammenarbeitet. Oder was man in einer Gruppe machen oder sagen darf und was nicht. Was machen Roboter, wenn es in der Klasse Streit gibt? Verstehen sie solche Situationen überhaupt? Ich glaube, mit Robotern als Lehrer gibt es nur Chaos in den Klassen.

Maria, 43

3 Das kann ich mir gut vorstellen. Roboter sind zum Beispiel nie krank. Und wenn sie kaputt sind, kann man sie schnell reparieren. Außerdem können sie jedes Fach unterrichten. Und sie wissen mehr zu jedem Thema als die Lehrer. Ich hätte gern einen Roboterlehrer.

Nils, 16

4 Roboter haben keine Gefühle. Das ist ein Vorteil. Die Schüler können die Roboter nicht ärgern und die Roboter sind nie genervt von den Schülern. Sie haben immer gute Laune, machen keine Fehler und werden nicht müde. Das ist super! Ich finde, man sollte das in einigen Klassen oder Fächern mal ausprobieren.

Lena, 15

5 Am Anfang finden Schülerinnen und Schüler einen Roboter als Lehrer sicher toll, weil er etwas Besonderes ist. Aber wenn sich die Schüler an den Roboter gewöhnt haben, wird der Unterricht für die Schüler vielleicht langweilig. Der Nachteil ist, dass man dann weniger Motivation hat. Ein echter Lehrer hat mehr Möglichkeiten und Ideen, wie der Unterricht interessant bleibt.

Arne, 52

6 Ich denke, man lernt mit Robotern schneller und mehr. Aber manchmal will man im Unterricht auch mal einen Witz machen, lachen oder über ein aktuelles Thema diskutieren. Roboter können das leider nicht. Das finde ich nicht so gut. Der Unterricht mit echten Menschen ist nicht perfekt, aber interessanter.

Luis, 16

7 Roboter können nicht gemein und ungerecht sein. Mit unseren Lehrern habe ich schlechte Erfahrungen gemacht. Sie sagen manchmal blöde Sachen zu den Schülern oder haben ihre Lieblingsschüler. Roboter nicht. Sie sind immer nett, sehen süß aus und schimpfen nicht.

Fine, 14

Schreiben Teil 3

5 a Lies die Ausdrücke und Sätze und schreib sie in die Tabelle.

✦ Ist es möglich, dass … ✦ Es tut mir sehr leid, … ✦ …, weil ich einen Arzttermin/Nachhilfe/… habe. ✦
✦ Entschuldigen Sie bitte, … ✦ Leider kann ich (nicht) …, weil … ✦ Ich muss …, deshalb … ✦
✦ Können wir …? ✦

Sich entschuldigen	Gründe nennen	Einen Vorschlag machen
Entschuldigung, dass ich …	Ich kann nicht …, weil … Ich habe keine Zeit, weil …	Ich könnte … Ich habe einen Vorschlag: …

b Du sollst eine E-Mail an eine Lehrerin / einen Lehrer, eine Nachbarin / einen Nachbarn oder Bekannte deiner Eltern schreiben. Was passt nicht? Streiche durch.

✦ Sehr geehrte/r Frau/Herr … ✦ Hey Frau/Herr … ✦ Guten Tag Frau/Herr … ✦ Hi Frau/Herr … ✦
✦ Liebe/r Frau/Herr … ✦ Tschüs! ✦ Viele Grüße ✦ Ciao ✦ LG ✦

15 Min. **c Wie in der Prüfung:**

Strategie

Der Prüfungsteil *Schreiben 3* ist immer ähnlich. Lies die Situation genau durch. An wen sollst du schreiben? Wähle eine passende Anrede und einen passenden Gruß. Welche Redemittel brauchst du? Mach dir vor dem Schreiben Notizen.

Du hattest einen schlimmen Streit mit einer Mitschülerin. Ihr sollt zu einem Gespräch mit eurer Lehrerin, Frau Wilkens, kommen. Du hast an dem Termin keine Zeit.

Schreibe an Frau Wilkens. Entschuldige dich *höflich*, berichte, warum du nicht kommen kannst, und schlage einen neuen Termin vor.

Schreibe eine E-Mail (circa 40 Wörter).

Vergiss nicht die Anrede und den Gruß am Schluss.

Du musst kein Datum und keinen Absender schreiben. Beginne mit der Anrede. Verwende *Sie*.

Strategie

Kontrolliere nach dem Schreiben:
Hast du eine Anrede, einen Gruß und deine Unterschrift?
Hast du alle Wörter richtig geschrieben?
Hast du ordentlich geschrieben? Kann die Prüferin / der Prüfer deinen Text lesen?

Verblisten

Verben mit Akkusativ und Dativ

beantworten	Beantworte mir bitte meinen Brief.
befehlen	Die Leute befehlen den Sprachassistenten lustige Aufgaben.
bringen	Bringst du mir bitte einen Tee?
erklären	Ich habe die Aufgabe nicht verstanden. Kannst du sie mir erklären?
erlauben	Meine Eltern erlauben mir keine Party im Garten.
erzählen	Meine Freundin erzählt mir alle Geheimnisse.
geben	Kannst du mir einen Tipp geben?
glauben	Ich weiß nicht, ob ich meiner Schwester die Geschichte glauben kann.
kaufen	Hast du dir eine neue Jacke gekauft? Schön!
leihen	Kannst du mir deinen Taschenrechner leihen?
leisten	Ich kann mir keinen neuen Computer leisten. Aber ich spare dafür.
sagen	Sag mir bitte deine Handynummer.
schenken	Was schenkst du deinen Großeltern zu Weihnachten?
schicken	Meine Freundin hat mir ein Paket geschickt.
senden	Ich sende dir eine Nachricht, wann ich Zeit habe. Okay?
verbieten	Meine Eltern haben mir das Fußballtraining verboten. Ich soll mehr lernen.
wünschen	Ich wünsche mir ein neues Skateboard zum Geburtstag.
zeigen	Wer ist der neue Freund von Tonja? Zeig ihn mir mal.
zurückgeben	Gib mir bitte die 15 Euro zurück. Ich brauche das Geld.

Verben mit Präpositionen + Akkusativ

achten auf	Da kommt ein Auto! Du musst mehr auf den Verkehr achten.
antworten auf	Sie hat immer noch nicht auf meine E-Mail geantwortet.
sich ärgern über	Was ist los? Über wen hast du dich geärgert?
ausgeben für	Gib nicht so viel Geld für teure Spiele aus.
berichten über	Alle Zeitungen haben über das Fußballspiel berichtet.
sich bewerben für	Hast du dich schon für einen Ferienjob beworben?
sich bewerben auf/um	Hiermit bewerbe ich mich auf/um einen Praktikumsplatz in Ihrer Firma.
bitten um	Warum hast du mich nicht um Hilfe gebeten?
demonstrieren für/gegen	Meine Klasse demonstriert für mehr Umweltschutz und gegen Plastikmull.
denken über	Was denkt ihr über den Klimawandel?
denken an	Hast du schon an deine Bewerbung gedacht?
diskutieren über	In der Schule diskutieren die Klassensprecher über das Thema Mobbing.
sich einsetzen für	Ich möchte mich mehr für andere Schüler einsetzen.
sich engagieren für/gegen	Das Jugendparlament engagiert sich für die Interessen junger Menschen.
sich entscheiden für/gegen	Ich habe mich für/gegen ein Medizinstudium entschieden.
(sich) erinnern an	Ich kann mich nicht an seinen Namen erinnern.
sich freuen auf	Ich freue mich sehr auf die Ferien.
sich freuen über	Liam hat sich sehr über das Geschenk gefreut.
gehen um	In dem Film geht es um die Zukunft der Erde.
hinweisen auf	Ich möchte euch noch einmal auf die Informationen zum Test hinweisen.
sich informieren über	Ihr könnt euch online über den Job informieren.
sich interessieren für	Interessierst du dich für Sport?
kämpfen für/gegen	Unser Klassensprecher kämpft für faire Kommunikation in der Klasse.
sich konzentrieren auf	Bitte konzentriert euch auf die Aufgaben.
sich kümmern um	Sorry, keine Zeit. Ich muss mich heute Abend um meine Schwester kümmern.
lachen über	Kannst du über die Witze deines Bruders lachen? Ich nicht.
nachdenken über	Hast du schon über die Zeit nach der Schule nachgedacht?
protestieren gegen	Früher haben weniger Menschen gegen Umweltverschmutzung protestiert.
reagieren auf	Haben deine Eltern schon auf den Brief von der Schule reagiert?
reden über	Wollen wir heute über unsere Urlaubsplanung reden?
schicken an	Gestern habe ich meine Bewerbung an die Firma geschickt.

senden an	Sendest du die E-Mail auch an mich?
spenden für	Ich habe 20 Euro für Tiere in Not gespendet.
sprechen über	Wir sprechen immer über die gleichen Probleme.
(sich) streiten über	Ich habe mich mit meinen Eltern über mein Taschengeld gestritten.
(um)tauschen gegen	Wir können dein Handy gegen ein neues Gerät umtauschen.
sich verlassen auf	Wir können uns immer auf unsere Eltern verlassen.
sich verlieben in	1970 hat sich mein Opa in meine Oma verliebt.
verzichten auf	Vielen Menschen fällt es schwer, einen Tag auf ihr Handy zu verzichten.
sich vorbereiten auf	Ich habe keine Zeit, ich muss mich auf die Klassenarbeit vorbereiten.
warten auf	Ich warte schon eine Stunde auf dich.
wissen über	Was wisst ihr über die deutsche Wiedervereinigung?
ziehen nach	Wir sind letzten Monat nach Basel gezogen.

Verben mit Präpositionen + Dativ

anfangen mit	Ich habe vor einem Jahr mit Ballett angefangen.
arbeiten mit/an	Einige Schüler arbeiten zu Hause mit Laptops an ihren Umweltprojekten.
arbeiten bei	Caro und Susan arbeiten bei der Bäckerei Meyer.
sich auskennen mit	Mein Bruder kennt sich super mit den neuen Apps aus.
sich bedanken bei	Hast du dich bei deinem Opa für das Geschenk bedankt?
beginnen mit	Das Praktikum begann mit vielen Informationen.
berichten von	Wir sollen von unseren Erfahrungen im Praktikum berichten.
sich beschäftigen mit	Ich habe keine Lust, mich mit dem Thema zu beschäftigen.
sich beteiligen an	Jana beteiligt sich zu selten am Unterricht.
einladen zu	Kevin hat seine Klasse zu einer Gartenparty eingeladen.
sich entschuldigen bei	Ich wollte mich bei dir entschuldigen. Das war blöd.
erzählen von	Was hat die Klasse von ihrem Ausflug erzählt?
fragen nach	Fragt euren Lehrer nach Informationen für euer Referat.
gehören zu	Zu welcher Gruppe gehört ihr? A oder B?
handeln von	Der Roman handelt von einer Familie in Brasilien.
helfen bei	Hilfst du mir bei meinem Referat?
hören von	Dein Bruder macht doch gerade einen Schüleraustausch. Hast du etwas von ihm gehört?
kommen aus	Lydia kommt aus einer kleinen Stadt in Albanien.
kommunizieren mit	Nicht alle Menschen kommunizieren gerne mit Robotern.
leben in	Meine Gastfamilie lebt in einem großen Haus in Südfrankreich.
mitmachen bei	Machst du bei der Theater-AG mit?
passen zu	Hm, die Jacke passt nicht zu dir.
reden mit	Ich muss unbedingt mit dir reden.
sprechen mit	Hast du schon mit deinen Eltern gesprochen?
stammen aus	Meine Familie stammt aus einem Dorf in Marokko.
(sich) streiten mit	Streite dich nicht immer mit deiner Schwester!
suchen nach	Wir suchen im Internet nach Ideen für unsere Präsentation.
teilnehmen an	Die Hip-Hop-AG nimmt an einem Wettbewerb teil.
träumen von	Ich träume von einer Reise nach Lissabon.
sich treffen mit	Triffst du dich heute mit deinen Freunden?
überzeugen von	Wir müssen die Politiker von unseren Ideen überzeugen.
sich unterhalten mit	Anton hat sich lange mit seinem Lehrer unterhalten.
sich unterscheiden von	Paul unterscheidet sich gar nicht von seinem Bruder Daniel. Sie sind Zwillinge.
unterstützen bei	Unser Lehrer unterstützt uns bei der Vorbereitung des Schulfests.
sich verabreden mit	Ich habe mich mit meinen Freunden verabredet.
verbinden mit	Unser Kühlschrank ist mit dem Internet verbunden.
vergleichen mit	Kann ich meine Hausaufgaben mit deinen Lösungen vergleichen?
wissen von	Weißt du etwas von Frau Müller? Ist sie noch krank?
wohnen in	Wir wohnen in einem Hochhaus in Dortmund.
würzen mit	Du musst das Essen mit Salz würzen. Dann schmeckt es besser.

Thematischer Wortschatz

Auf den folgenden Seiten ist weiterer wichtiger Wortschatz nach Themen, in alphabetischer Reihenfolge, zusammengestellt. Die markierten Wörter sind die thematischen Anknüpfungspunkte und befinden sich auch auf den Wortschatz-Seiten der Kapitel, die in Klammern angegeben sind. Dort sind sie mit dem Piktogramm → gekennzeichnet.

Beispiel:
der **Hut**, Hüte → → Thema „Kleidung“ →

Kleidung
die Garderobe, der Hut **(K1)**,

Arbeit

der Beamte, die Beamtin, der Briefträger, die Briefträgerin, der Manager, die Managerin, der Professor, die Professorin, der Rentner, die Rentnerin, der Reporter, die Reporterin, der Übersetzer, die Übersetzerin, der Wirt, die Wirtin

die Arbeitserlaubnis, die Arbeitslosigkeit, der Arbeitsplatz **(K6)**, der Auftrag, entlassen, die Entlassung, kündigen, die Kündigung, die Rente, in Rente/Pension gehen, das Unternehmen

ausgebildet, berufstätig, pensioniert; halbtags, Teilzeit, Vollzeit; die Überstunde

Auf der Bank / der Post / dem Rathaus ...

die Einzahlung, der Kredit, die Kreditkarte, die Überweisung, die Zahlung

der Antrag, die Auskunft, die Behörde, erkundigen, das Fundbüro, genehmigen, die Personalien, der Vertrag, das Visum, der Wohnsitz

Essen

die Bar, das Gasthaus, die Gaststätte, die Kneipe, das Lokal, die Mahlzeit **(K3)**, das Menü

Familie

der Enkel, die Enkelin, der Neffe, die Nichte, die Schwiegereltern, die Schwiegermutter, der Schwiegervater, der Schwiegersohn, die Schwiegertochter

der/die Angehörige, der Familienstand, ledig, geschieden, die Ehe, die Ehefrau, der Ehemann, das Ehepaar

Gefühle

☺: erleichtert **(K4)**, die Geduld, küssen, der Kuss, treu, umarmen, das Vergnügen, sich vergnügen, vergnügt

☹: betrügen, frech, leiden, die Lüge, das Pech, der Schrecken, die Träne, das Unglück, wütend **(K4)**

die Beziehung **(K4)**, die Kritik, realistisch, spüren, das Verhältnis

Gesundheit

die Operation, operieren, der Patient, die Patientin **(K6)**, das Pflaster, die Salbe, das Schlafmittel, das Schmerzmittel, die Vitamine; die Krankenkasse, die Chipkarte, die Versichertenkarte

der Krankenwagen, die Notaufnahme, der Notfall, der Notruf

die Infektion, der Schnupfen, die Sprechstunde, das Taschentuch, das/der Virus; der Tod, tödlich, tot, der/die Tote

Kleidung

die Garderobe, der Hut **(K1)**, der Knopf, die Socke, der Strumpf, reinigen

Körper

der Atem, atmen, das Blut, bluten, die Brust, der Knochen, die Kraft, der Magen, die Schulter **(K1)**, die Wunde

Maße

breit **(K5)**, die Breite, die Höhe, die Länge, tief; die Fläche, das Gewicht, der Zentimeter

Medien
der Chip, der Datenträger, die Festplatte, installieren, das Laufwerk, die Maus, das Medium **(K2)**, die Plattform, der Rechner, die Tastatur, die Taste

Nationalitäten
der Ausländer, die Ausländerin, ausländisch, der Europäer, die Europäerin, der Migrant, die Migrantin, die Migration, die Integration, integrieren

Orte: In der Stadt / Auf dem Land
die Burg **(K5)**, das Gebirge, die Gegend, der Hafen, der Hügel, die Küste, das Tal, das Ufer, der Vorort, die Wiese

Ortsangaben *Wo?/Wohin?*
außen/innen, drin/drinnen, drüben, hierher, nach Hause **(K4)**
her- ○←, (he)raus/(he)raus- ○→, (he)rein/(he)rein- ○←, (he)runter/(he)runter- ○↓

Politik
die Demokratie, die Gemeinde, die Reform
konservativ, liberal, national/national-, regional, staatlich, städtisch, weltweit

Verkehr
bremsen, hupen, parken, das Tempo, überfahren, überholen **(K5)**, das Verkehrszeichen, die Vorfahrt
das Fahrzeug **(K5)**, das Kennzeichen, das Kraftfahrzeug (Kfz), der Lastkraftwagen (Lkw) / der Laster, der Personenkraftwagen (Pkw)
die Eisenbahn, der Hauptbahnhof **(K5)**, der Speisewagen, die Tram

Wetter
feucht, hageln, die Kälte, kühl, mild, der Schatten, der Sturm, trocken, der Tropfen, die Wärme, die Wettervorhersage **(K2)**

Wohnen
die Decke, die Etage, die Garderobe, heizen, die Klingel, der Korridor, das Obergeschoss/Untergeschoss **(K5)**, der Sessel, die Stufe, das Treppenhaus, das WC
der Bewohner, die Bewohnerin, mieten **(K6)**, der Mieter, die Mieterin, die Miete, vermieten, der Vermieter, die Vermieterin; möbliert, der Quadratmeter, die Wohngemeinschaft

Zahlen
1 000 = (ein)tausend
1 000 000 = eine Million, -en **(K5)**
1 000 000 000 = eine Milliarde, -n
der/das/die erste **(K5)**
der/das/die zweite
der/das/die dritte
der/das/die vierte usw.

erstens
zweitens
drittens
viertens usw.
einmal
zweimal **(K1)**
dreimal
viermal usw.

einfach
zweifach/doppelt
mehrfach
plus
minus
1/2 = ein halb; halb …
1/3 = ein Drittel **(K2)**, drittel …
1/4 = ein Viertel **(K2)**, viertel … usw.

Zeit
stündlich **(K1)**, wöchentlich **(K2)**, monatlich, jährlich
montags, dienstags, mittwochs, donnerstags, freitags, samstags/sonnabends, sonntags, wochentags
die Sekunde, das Jahrzehnt, das Jahrtausend

Quellen

Auftragsfotos von Dieter Mayr, München.
Illustrationen von Andrea Naumann, Aachen.

Die Nummer vor der Quellenangabe gibt die Buchseite und hinter dem Punkt die Bildposition auf dieser Buchseite an. Fotos ohne Quellenangabe sind Auftragsfotos oder kommen auf einer früheren Seite bereits vor und sind dort mit allen Angaben erwähnt.

5.1 Shutterstock (Halay Alex), New York; **5.2** Shutterstock (Inna Postnikova), New York; **5.3** Shutterstock (Lestertair), New York; **5.4** Shutterstock (ViChizh), New York; **6** Shutterstock (Motortion Films), New York; **9.1** Shutterstock (Olesya Kuznetsova), New York; **9.2** Shutterstock (VH-studio), New York; **14.1** Shutterstock (Belkin_photo), New York; **14.2, 14.3** Shutterstock (Yurlick), New York; **16** 123RF.com (Antonio Guillem), Nidderau; **19.1** Shutterstock (MJTH), New York; **19.2** Shutterstock (bogdandimages), New York; **27.1** © emoji company GmbH. All rights reserved.; **27.2** © emoji company GmbH. All rights reserved.; **27.3** © emoji company GmbH. All rights reserved.; **28** Shutterstock (Liliya Kandrashevich), New York; **29** Shutterstock (UNYKA), New York; **30** Shutterstock (zakalinka), New York; **34.1** Shutterstock (wavebreakmedia), New York; **34.2** Shutterstock (Peredniankina), New York; **34.3** Shutterstock (Rawpixel.com), New York; **39.1** Shutterstock (Sabphoto), New York; **39.2** Shutterstock (WAYHOME studio), New York; **39.3** Shutterstock (Cookie Studio), New York; **39.4** Shutterstock (Darren Baker), New York; **39.5** Shutterstock (Pixel-Shot), New York; **39.6** Shutterstock (cheapbooks), New York; **40.1** Shutterstock (Asia Images Group), New York; **40.2** Shutterstock (Sorbis), New York; **40.3** Shutterstock (Mark Skalny), New York; **44** Shutterstock (stockfour), New York; **48.1** Shutterstock (Lubo Ivanko), New York; **48.2** Shutterstock (Yakovenko Nataliia), New York; **48.3** Shutterstock (majivecka), New York; **48.4** Shutterstock (Photoonlife), New York; **49.1** 123RF.com (Aleksandr Papichev), Nidderau; **49.2** 123RF. com (Olena Kachmar), Nidderau; **49.3** 123RF. com (Sasin Tipchai), Nidderau; **49.4** 123RF.com (blasbike), Nidderau; **49.5** DJH Jugendherbergen im Nordwesten; **49.6** 123RF.com (philipus), Nidderau; **51.1** 123RF.com (Hong Li), Nidderau; **51.2** 123RF.com (laymul), Nidderau; **52.1** Shutterstock (Monkey Business Images), New York; **52.2** Shutterstock (@ erics), New York; **52.3** © 2019 BreakOut e. V. - All rights reserved; **53** © 2019 BreakOut e. V. - All rights reserved.; **54.1** © emoji company GmbH. All rights reserved.; **54.2** © emoji company GmbH. All rights reserved.; **59.1** 123RF.com (Sergey Peterman), Nidderau; **59.2** 123RF.com (choneschones), Nidderau; **59.3** 123RF.com (satich), Nidderau; **59.4** Shutterstock (LianeM), New York; **59.5** Shutterstock (Brookgardener), New York; **61** 123RF.com (arcady31), Nidderau; **62** 123RF.com (onime), Nidderau; **65** Shutterstock (Andrei_R), New York

Fotomodelle

Jan de Boer, Paula de Boer, Lucia Borda, Simon Heyduck, Greta Mayr, Jakob Mayr, Levin Tschürtz, Elena Zachariades

Audios: Sprecherinnen und Sprecher

Jan de Boer, Paula de Boer, Lucia Borda, Marco Diewald, Clara Gerlach, Angela Kilimann, Louis Kübel, Philip Lainovic, Sofia Lainovic, Felice Lembeck, Christof Lenner, Greta Mayr, Jakob Mayr, Jenny Scherling, Riccarda Siebels, Helge Sturmfels, Levin Tschürtz, Peter Veit, Elena Zachariades